LE

# CRÉDIT FONCIER DE FRANCE

LE

## CRÉDIT AGRICOLE

## ET LES EMPRUNTEURS

EXPOSÉ PRATIQUE DES STATUTS, LOIS, DÉCRETS ET RÈGLEMENTS
QUI RÉGISSENT CES DEUX SOCIÉTÉS; AVEC COMMENTAIRES ET ANNOTATIONS, TABLEAUX,
MODÈLES ET FORMULES D'ACTES,

PAR

## M. BOURGADE,

RECEVEUR DE L'ENREGISTREMENT ET DES DOMAINES

Auteur du Guide pratique de l'Enregistrement.

PARIS,

IMPRIMERIE ADMINISTRATIVE DE PAUL DUPONT,

Rue de Grenelle-Saint-Honoré, 45.

—

1861

# LE
# CRÉDIT FONCIER DE FRANCE

## LE
## CRÉDIT AGRICOLE
## ET LES EMPRUNTEURS

EXPOSÉ PRATIQUE DES STATUTS, LOIS, DÉCRETS ET RÈGLEMENTS
QUI RÉGISSENT CES DEUX SOCIÉTÉS; AVEC COMMENTAIRES ET ANNOTATIONS, TABLEAUX,
MODÈLES ET FORMULES D'ACTES,

PAR

**M. BOURGADE,**

RECEVEUR DE L'ENREGISTREMENT ET DES DOMAINES

Auteur du Guide pratique de l'Enregistrement.

**PARIS,**

IMPRIMERIE ADMINISTRATIVE DE PAUL DUPONT,

Rue de Grenelle-Saint-Honoré, 45.

—

**1861.**

LE

# CRÉDIT FONCIER DE FRANCE,

LE

## CRÉDIT AGRICOLE

## ET LES EMPRUNTEURS.

## DIVISION GÉNÉRALE.


SECTION I. — Considérations générales.

— II. — Statuts de la société du *Crédit foncier de France.*

— III. — Attributions, moyens, conditions et ressources de la société. — Commentaires et annotations des statuts.

— IV. — Instructions sommaires.

— V. — Société du *Crédit agricole.* — Statuts.

— VI. — Attributions, moyens, conditions et ressources de la société. — Commentaires et annotations des statuts.

— VII. — Lois et décrets.

— VIII. — Modèles et formules.

# SOMMAIRE ANALYTIQUE.

## 1.re SECTION.

### Considérations générales.

Historique des institutions de Crédit foncier. — Etat de la propriété foncière en France, ses embarras. — Charges directes de la propriété : *l'impôt, les frais d'amélioration de culture.* — Charges indirectes : *la dette hypothécaire à courte échéance, les intérêts, les frais de prorogation ou de renouvellement.* — Influence progressive de la Société du CRÉDIT FONCIER DE FRANCE : *Travaux du drainage ; départements et communes ; sous-comptoir des entrepreneurs ; extension à l'Algérie.* — Loi du 23 mars 1855 sur la transcription. — Amélioration qui en résulte pour le régime hypothécaire. — CRÉDIT AGRICOLE, conséquence naturelle du Crédit foncier.

## 2.e SECTION.

### Statuts de la Société du CRÉDIT FONCIER DE FRANCE.

Titre I.er. — Dénomination de la Société. — Son objet. — Sa durée. — Son siége.

Titre II. — Fonds social. — Actions. — Versements.

Titre III. — Direction et administration de la Société. — Du gouverneur et des sous-gouverneurs. — Du conseil d'administration. — Des censeurs. — De l'assemblée générale.

Titre IV. — Des conditions des prêts.

Titre V. — Des contributions foncières ou lettres de gage.

Titre VI. — Inventaire et comptes annuels.

Titre VII. — Partage des bénéfices.
Titre VIII. — Fonds de réserve.
Titre IX. — Modifications aux statuts.
Titre X. — Dissolution. — Liquidation.
Titre XI. — Publication.

## 3ᵉ SECTION.

### Attributions, moyens, conditions et ressources de la Société. — Commentaires et annotations des Statuts.

— Prêts aux propriétaires sur première hypothèque de sommes remboursables, soit à long terme par annuités, soit à court terme, avec ou sans amortissement. — Prêts aux départements, aux communes, aux associations syndicales, avec ou sans hypothèque. — Drainage. — Comptoir d'escompte. — Sous-comptoir des entrepreneurs. — Obligations ou lettres de gage. — Obligations de drainage. — Banque de France. — Droits de commission. — Indemnités — Dépôts de capitaux. — Comptes courants. — Algérie.

## 4ᵉ SECTION.

### Instructions sommaires.

Examen préalable des demandes de prêts. — Renseignements. — Personne de l'emprunteur : Capacité. — État civil. — État légal. — Marié. — Veuf. — Tuteur. — Comptable. — Son droit de propriété.

Les immeubles : Titres de propriété. — Établissement de la propriété. — Acquisition. — Donation. — Testament. — Partage. — Situation hypothécaire. — Transcription. — Purge, etc.

# 5ᵉ SECTION.

## Société du Crédit agricole. — Statuts.


Titre    Iᵉʳ. — Fondation de la Société. — Son objet. — Sa dénomination. — Sa durée. — Son siége.

Titre    II. — Fonds social. — Actions. — Versements.

Titre    III. — Direction, administration et surveillance de la Société.

Titre    IV. — Opérations de la Société.

Titre    V. — Inventaire et comptes annuels.

Titre    VI. — Partage des bénéfices.

Titre    VII. — Fonds de réserve.

Titre    VIII. — Modifications aux statuts.

Titre    IX. — Dissolution. — Liquidation.

Titre    X. — Publication.


---

# 6ᵉ SECTION.

## Attributions, moyens, conditions et ressources de la Société du Crédit agricole. — Commentaires et annotations des Statuts.

Prêts aux établissements agricoles et aux industries qui s'y rattachent. — Prêts directs sur nantissement ou garantie. — Prêts par escompte ou négociation d'effets. — Dépôts. — Comptes courants. — Recouvrements. — Crédit hypothécaire.

---

# 7ᵉ SECTION.

## Lois et décrets.

— 28 février 1852. — Décret organique sur les Sociétés de crédit foncier.

— 28 mars 1852. — Décret relatif à la durée de la libération des emprunteurs.

— 10 juin 1853. — Décret et loi modifiant le décret du 28 février 1852. (Purge.)

— 26 juin 1854. — Décret qui place les Sociétés de crédit foncier dans les attributions du ministre des finances.

— 6 juillet 1854. — Décret relatif à la nouvelle organisation du Crédit foncier de France.

— 28 mai 1858. — Loi qui substitue la Société du Crédit foncier de France à l'Etat pour les prêts à faire jusqu'à concurrence de 100 millions, en vertu de la loi du 7 juillet 1856 sur le drainage.

— 16 août 1859. — Décret qui approuve les modifications apportées aux statuts du Crédit foncier de France.

— 11 janvier 1860. — Décret qui étend au territoire de l'Algérie le privilége accordé au Crédit foncier de France par les décrets des 28 mars et 10 décembre 1852.

— 19 mai 1860. — Loi qui substitue la Société du Crédit foncier de France au Comptoir d'escompte de Paris (sous-comptoir des entrepreneurs).

— 6 juillet 1860. — Loi qui autorise la Société du Crédit foncier de France à prêter aux départements, aux communes et aux associations syndicales les sommes qu'ils auraient obtenu la faculté d'emprunter.

— 28 juillet 1860. — Loi approuvant la convention passée entre LL. Exc. le ministre de l'agriculture, du commerce et des travaux publics, et le ministre des finances et les fondateurs de la Société du *Crédit agricole*.

—16 février 1861. — Décret autorisant la Société du *Crédit agricole* et approuvant les statuts.

---

## 8ᵉ SECTION.

### Formules, modèles et tableaux.

Formule I. — De demande de prêt.

— II. — D'acte conditionnel de prêt.

— III. — De promesse d'emploi par subrogation à un créancier inscrit.

— IV. — De promesse d'emploi en payement de prix de vente.

— V. — De transport d'indemnité d'assurance.

— VI. — De demande d'ouverture de crédit (*Crédit agricole*).

Modèle 1. — De délibération relative à un emprunt à contracter par un département, une commune ou une association syndicale.

— 2. — D'une obligation foncière de 1,000 francs.

— 3. — D'un dixième d'obligation, 100 francs.

— 4. — D'une obligation communale de 500 francs.

— 5. — D'une coupure ou cinquième de 100 francs.

Tableau A. — Indiquant le montant des annuités calculées d'après la durée du prêt.

Tableau B. — Indiquant le prix de revient d'un emprunt (amortissement compris) pour 46 et 50 ans, suivant le taux auquel les obligations sont placées.

— C. — Pour les prêts aux départements et aux communes, indiquant la composition des annuités et leur montant, calculé d'après la durée des prêts.

— D. — Indiquant le montant de l'annuité à payer pour un emprunt de 100 francs, suivant la durée du prêt et la composition de cette annuité.

# AVANT-PROPOS.

---

Notre intention avait été d'abord de comprendre l'appréciation du Crédit foncier de France dans le volume que nous avons publié dernièrement sous le titre de *Guide pratique de l'enregistrement.*

Des conseils que nous nous félicitons d'avoir suivis nous ont fait reconnaître que le sujet dont nous avions déjà signalé toute l'importance dans quelques passages de notre livre comportait, pour être traité utilement, une étendue plus considérable que deux ou trois chapitres, et que d'ailleurs l'intérêt sur lequel il repose est d'un attrait assez positif et assez général pour justifier une publication spéciale.

Indépendamment de ces raisons aussi bonnes aujourd'hui qu'elles l'étaient alors, nous avons gagné à cet ajournement de pouvoir présenter une étude pour ainsi dire complète du Crédit foncier de France, dont le développement, comme attributions et opérations, s'est considérablement accru dans le cours de moins d'une année. Ce succès prodigieux, dû à une organisation sagement conçue dans le principe et modifiée avec prudence suivant les circonstances, n'étonne pas alors que l'on considère les fondements sérieux et solides sur lesquels il s'est élevé.

D'abord, fidèle à la mission qu'elle a reçue du Gouvernement et par laquelle elle est destinée « *non-seulement à modifier les formes de la dette hypothécaire, mais à procurer à la propriété les fonds dont elle a besoin pour améliorer ses cultures et augmenter ses produits*, la Société du Crédit foncier de France, par la nature de ses premières opérations, par le caractère particulièrement bienveillant de ses rapports avec les provinces, a conquis pour ainsi dire l'opinion publique. Elle a triomphé des préventions qu'entretenaient, même au milieu du bon sens général, ces esprits chagrins ou frondeurs, critiquant toutes les institutions nouvelles par système d'opposition à toute stabilité honnête et régulière qui favorise peu les ressources de leur culte pour les moyens irréguliers.

Ainsi ont disparu, avec les craintes de discrédit pour les propriétés foncières, ces fantômes de rivalité envers les capitaux particuliers et de concurrence aux notaires.

Sur les deux premiers sujets de préventions, nous dirons que l'action utile de la Société du Crédit foncier de France embrasse tout à la fois, dans son économie, l'amélioration et l'allégement des charges de la propriété ainsi que la fructification prudente et certaine des capitaux.

Quant à la concurrence aux notaires, cette allégation est un contre-sens ; il serait mieux de dire que c'est plutôt une clientèle que la Société leur crée, car dans toutes les affaires ces officiers ministériels sont assurés d'être tout à la fois conseils, intermédiaires et notaires rédacteurs des actes. L'organisation du Crédit foncier, ou, pour mieux dire, sa résurrection, était tout aussi nécessaire aux notaires qu'aux emprunteurs; à ceux-ci elle procurera des capitaux devenus introuvables ou accessibles seulement à des conditions usuraires; à ceux-là elle fournira des actes à faire, non de ces actes équivoques que leur ministère ne reçoit qu'à regret, incertains qu'ils sont d'un résultat réellement profitable à leurs clients, mais de ces actes qu'on peut lire à haute voix et montrer au grand jour, d'où les contractants emportent les uns vis-à-vis des autres une égale estime et une satisfaction pareille. Que les notaires ne craignent pas que les contrats à long terme consentis par la Société deviennent pour eux une cause de préjudice parce qu'ils absorberaient dans leurs vastes limites les prêts à courte échéance dont les actes étaient renouvelés tous les cinq ans . . . .—Oui, quand l'expropriation ne venait pas ruiner l'emprunteur. Ces petits contrats, qui finissaient toujours par abaisser le crédit foncier, n'étaient au fond qu'une ressource bien précaire. Les études trouveront, dans l'ère nouvelle qui s'ouvre, à rédiger des conventions plus favorables, parce qu'elles naîtront de l'amélioration de la propriété foncière et de la reconstitution de son crédit; il y aura sans doute moins de contrats de prêts, mais il y aura plus de contrats de vente, d'échange et d'opérations agricoles préparées naturellement sous l'influence du Crédit foncier.

Les meilleures institutions sont toujours discutées à leurs débuts. Les semences les plus fécondes ne prennent racine dans la terre qu'après l'avoir déchirée; les fondements les plus solides s'établissent dans le sol par des tranchées profondes. Le Crédit foncier n'en est plus maintenant à ses débuts, il a pris racine dans la terre et jeté ses fondements dans le sol; les déchirements s'effacent et les tranchées se comblent. Sorti pour ainsi dire tout armé de la haute pensée du décret de 1852, il a résolument pris champ dans la carrière qui lui était ouverte; de son point de départ, d'abord restreint, il a eu bientôt conquis le territoire, fortifiant l'autorité de son principe par la puissance de la centralisation.

Nous allons, dans l'étude qui va suivre, retracer, aussi exactement que possible, les phases diverses du Crédit foncier en France, et, fidèle au programme que nous nous étions imposé pour le *Guide pratique de l'enregistrement*, nous nous efforcerons de développer avec simplicité et clarté les différentes conditions sur lesquelles repose l'action de la Société du Crédit foncier de France, notre but étant surtout d'éclairer les populations rurales, afin que, comprenant tout le bienfait qu'elles peuvent attendre de cette institution, elles se préparent à le recevoir en mettant plus d'ordre et de suite dans les dispositions qui tiennent à la situation légale de leurs propriétés.

Les attributions importantes de la Société du Crédit foncier de France, qui ont successivement compris les travaux du *drainage*, les prêts aux *départements* et aux *communes*, les crédits ouverts au *sous-comptoir des entrepreneurs* et l'extension à l'*Algérie*, sont dignement couronnées par l'institution de la Société du *Crédit agricole*, conséquence naturelle de l'organisation de la Société du Crédit foncier de France dont elle est pour ainsi dire le complément, et que, dans certains cas, elle pourra suppléer pour les opérations intéressant la petite propriété ; double et précieux effet de ces deux institutions qui, fonctionnant sous la même inspiration, doivent concourir mutuellement au développement de la richesse territoriale.

Nous avons divisé notre travail en huit parties ou sections afin de mieux saisir l'attention de nos lecteurs en circonscrivant nos observations sur des sujets déterminés.

Nous consacrons, d'une manière toute spéciale, deux sections à la Société du *Crédit agricole* et à l'appréciation particulière de ses conditions de crédit, dans le but de faire ressortir, le plus nettement possible, les avantages immédiats qu'y trouveront les propriétés foncières, et surtout les industries s'associant à l'agriculture pour favoriser le développement de ses produits en améliorant ses procédés.

# 1<sup>re</sup> SECTION.

**Considérations générales. — Historique des institutions de crédit foncier. — État de la propriété foncière en France, ses embarras. — Charges directes de la propriété. — Charges indirectes. — Influence progressive de la Société du Crédit foncier de France.**

**1.** De toutes les institutions de crédit qui peuvent augmenter et développer la richesse publique et le bien-être particulier, celles qui tiennent au sol et reposent sur les ressources positives de sa cul-  ture sont certainement les meilleures, les plus solides et les plus durables; on peut même dire que toutes les autres leur sont soumises, en ce sens qu'il n'est pas un de leurs éléments constitutifs qui ne se rattache de plus ou moins près à la terre comme base et principe de tout produit.

**2.** Les institutions de crédit foncier ont une influence d'autant plus immédiate et directe sur les travaux de l'agriculture que, pour être fructueux, ces travaux ont besoin de sécurité et de temps.

Depuis près de cent ans, l'Allemagne nous a devancés dans l'emploi de cette ressource de crédit; et, ce qui est digne de remarque et mérite d'être noté comme observation philosophique et morale, c'est que, dans le siècle dernier, après que la France, épuisée par les dépenses d'un règne qu'on est convenu d'appeler *Grand,* et qu'on devrait aussi dire *Cher,* au moment où toutes les idées de crédit, démoralisées par les dissipations de la Régence, venaient de sombrer dans le déluge des actions du Mississipi, à ce moment, en Silésie, après la guerre de Sept ans, une institution de crédit foncier était fondée par un simple négociant de Berlin, et le Grand Frédéric la dotait de trois cent mille écus de Prusse (1,125,000 francs); somme énorme pour ce temps-là, bien extraordinaire pour ce pays qui venait d'être éprouvé par la guerre, et pour un souverain qui n'avait qu'une épargne fort mince !

Cet exemple fut bientôt suivi dans les différents États allemands, où chaque souverain, dans une proportion plus ou moins élevée, encouragea les caisses de crédit territorial par des subventions. C'est ainsi que se formèrent les éléments de la grande rénovation économique qui s'est opérée en Allemagne, rénovation accomplie progressivement, sans désordre et sans aucune de ces secousses dont les théories même les plus pacifiques ont trop souvent fait précéder leur application pratique. Le bienfait de ces institutions de crédit ne s'est pas étendu seulement sur la grande propriété, il a pour ainsi dire émancipé la petite, qu'on désignait en Allemagne par la dénomination de *biens de paysans*, et qui était grevée envers les *biens nobles* d'une foule de charges féodales communes aux terres comme aux personnes. La faculté qu'ont eue les paysans de se libérer à longs termes des engagements pris envers les caisses de crédit foncier, leur a permis de s'affranchir eux-mêmes en affranchissant le sol que maintenant ils possèdent seuls, libres et encouragés à améliorer cette terre qui fait leur richesse.

**3**. En présence de cet exemple donné par l'Allemagne, nous sommes restés longtemps non-seulement indifférents, mais rebelles même, aux tentatives faites pour éveiller notre attention. Au milieu des combinaisons économiques de toutes sortes, les institutions de crédit foncier, qui ont pourtant un droit si évident de priorité, n'ont été admises qu'au second rang et tièdement accueillies.

Pourquoi ce retard à l'admission, pourquoi cette tiédeur dans l'accueil? C'est qu'en France, depuis Law jusqu'à... tant d'autres, tous ceux qu'ont entraînés la soif de l'argent et l'ardeur de la spéculation n'ont voulu, dans leurs désirs de fruits hâtifs et de récoltes spontanées, ni reconnaître les lois de la nature, ni se soumettre aux règles ordinaires de la raison.

**4**. En vain des échecs imprévus, quoique très-explicables, venaient-ils tout à coup disperser ces monceaux d'or si facilement entassés; en vain l'honneur même livré comme un enjeu restait-il meurtri sur le tapis de l'agiot, on allait toujours,.... achetant, vendant, transférant, reportant des valeurs inouïes, impossibles, qu'accréditait une fraude adroite auprès des ignorants crédules et avides qui, le plus souvent, payaient par une ruine honteuse les rêves insensés de leur fiévreuse ambition.

Cependant ceux qui, arrêtés aux bords du torrent, ont vu ce que

produisaient ces coupes déréglées d'actions, ces moissons illusoires
de dividendes étiolés ou insaisissables, ont compris le danger et se
sont tournés vers des moyens plus lents sans doute dans leur
marche, mais plus sûrs et plus positifs dans leurs résultats.

**5.** Ce n'est pas que nous jetions l'anathème sur les ressources mobiles du crédit ; nous reconnaissons que les mines les plus fécondes
de la richesse publique sont dans le sein de la société, comme les
minéraux dans le sein de la terre, en gisements qui s'appellent
Sciences, Arts, Commerce, Industrie, et que pour en extraire les
produits, les faire valoir et les mettre en circulation, il faut des procédés spéciaux, des *pratiques*, pour nous servir d'une expression qui
a eu tout récemment une regrettable application, enfin des moyens
particuliers qui font à ces produits un crédit que leur propre nature
ne leur créerait pas seule. Ces procédés, ces pratiques, ces moyens,
sont les rouages de l'activité sociale ; s'ils fonctionnent sur des ma-
tériaux illusoires, sur des combinaisons chimériques, ils constituent
des manœuvres coupables qu'il faut punir ; mais, s'ils s'exercent sur
des sujets réels, d'une apparence sérieuse, se traduisant en travaux
appréciables, en combinaisons économiques ou en entreprises
utiles, il faut les encourager afin qu'ils réussissent, et les plaindre alors
que le succès ne répond pas à leurs efforts. A ce point de vue, le
sujet que nous traitons comporte aussi le concours de ces moyens,
ainsi que nous aurons occasion de le faire remarquer, mais dans une
certaine mesure, puisque leur combinaison part d'un point solide et
certain.

**6.** On conçoit certaines natures de propriété qu'il faut fonder, créer,
pour ainsi dire, parce qu'elles ne s'établissent que par des combinaisons d'idées et de travaux plus ou moins faciles à réaliser :
ainsi la propriété industrielle, la propriété scientifique, artistique,
littéraire. Mais la propriété foncière ne tient pas à une idée nouvelle, on ne peut ni la fonder ni la créer ; et, comme l'a dit si justement M. le comte de Germiny dans un de ses remarquables rapports
sur l'organisation de la Société du Crédit foncier de France : « Il s'agit
simplement de la servir. Les hommes n'ont pas à l'inventer, comme
l'emploi de la vapeur. Dieu la leur a donnée pour être, après lui, le
principe de tout bien, de tout crédit, et, sans ses trésors, nous n'aurons ni or, ni argent, ni prospérité de quelque nature qu'elle soit.
La plus périlleuse erreur, seule, peut marchander à la terre du
crédit et des capitaux. Il n'y a de richesse publique qu'à la condition de traiter avec une faveur égale les éléments qui la constituent.

Faire une part à la terre c'est, pour cette part, ne diminuer en rien celle de personne, augmenter au contraire celle de tout le monde : crédit, capital, or, argent, richesses, elle est d'elle-même tout cela. Que demande-t-elle ? Qu'on ne l'empêche pas d'user à son profit de sa propre puissance. Ce n'est pas un crédit de nouvelle invention qu'elle convoite, mais le retour du sien qu'elle réclame, et, pour cela, le droit de s'approprier certaines formes dont la pratique multipliera pour autrui les avantages dont elle est l'origine. Le développement du crédit foncier n'est pas autre chose, et, s'il est vrai qu'il ne ravira, même momentanément, à qui que ce soit ni crédit ni capitaux, pourquoi supposer qu'il ne doit procéder que lentement ? Ce qu'il faut reconnaître, c'est que les ressources de l'agriculture ont été déplacées, qu'une série de récoltes d'argent en province ne pourrait se perpétuer sans compensation, et qu'il est indispensable de restituer à la France rurale une partie de ce qu'elle a donné. A cette condition et par la puissance de multiplication qu'a le travail, elle pourra continuer sa part de concours aux charges du pays. »

**7.** Signalées en 1835 par un économiste distingué, M. Wolowski, dont la ferveur égalait la science, et qui devait avoir le glorieux honneur de les naturaliser en France, les institutions allemandes ne furent appréciées d'abord que par quelques esprits élevés, au nombre desquels il faut placer M. Troplong et M. Rossi. Leurs voix éloquentes et la sagesse de leur jugement eurent néanmoins un certain retentissement dans ce monde des affaires, où tout ce qui ne pouvait pas se traduire en spéculation mobile était reçu avec indifférence. L'attention du Gouvernement fut sollicitée ; les conseils généraux, ces juges les plus compétents des intérêts fonciers, furent consultés ; mais le mécanisme des institutions à introduire n'était ni assez démontré ni assez compris pour qu'on pût attendre d'eux des avis bien concluants. Aussi donna-t-on à un inspecteur de l'agriculture, M. Royer, la mission d'aller étudier en Allemagne le système de ces établissements, leurs divers modes d'application et en même temps que les effets produits, les résultats obtenus suivant la nature et la disposition des contrées où ils avaient été fondés.

**8.** Le remarquable rapport dans lequel M. Royer rendit compte de sa mission fut pour le Gouvernement et pour l'opinion publique le point de départ de plusieurs projets pour la création d'établissements semblables à ceux de l'Allemagne, destinés, sinon à éteindre, du moins à rendre moins lourdes les charges de la propriété foncière en France.

**9.** La révolution de 1848, qui trouva ces projets en élaboration, ne pouvait, quant aux principes, qu'en agrandir le cercle et en favoriser les développements. Mais, en confondant cette sérieuse et pacifique question avec les combinaisons économiques plus ou moins réalisables qui se discutaient alors, on risquait d'en compromettre la solution. Un pareil sujet, qui veut être étudié froidement, avec réflexion, et traité dans une mesure prudente, allait mal au milieu des discussions passionnées sur des théories de toutes sortes ou des innovations spontanées ; aussi les quelques idées qui furent émises à cette occasion restèrent sans résultat, précisément parce qu'elles s'attachaient trop exclusivement à des moyens inconciliables avec les conditions positives du sujet. La situation déplorable de la propriété territoriale n'en fut pas moins parfaitement comprise et bien caractérisée dans ces paroles de M. Léon Faucher à la Constituante : « Il est temps d'arriver à une liquidation, à un dégrèvement ; si vous n'en donnez pas les moyens, si vous ne procurez pas à l'agriculture des capitaux à un prix modéré, la propriété foncière marchera infailliblement à la banqueroute. »

**10.** Cette esquisse d'un laconisme énergique n'était point exagérée : les conditions de crédit pour les exploitations rurales étaient, depuis longtemps, pour ainsi dire inabordables ; indépendamment des difficultés légales que présentait le régime hypothécaire, les emprunts n'étaient en général obtenus qu'à des taux usuraires dissimulés dans les actes, et pour des délais trop courts. A cette époque de 1848, et jusqu'en 1850, la situation de l'agriculture était devenue de plus en plus critique ; les agitations sociales qui, de Paris, s'étaient répandues dans la province, n'avaient pas peu contribué à augmenter ses embarras. Le remède, il ne fallait pas le chercher dans ces demi-mesures qui cicatrisent temporairement sur un point des blessures qui, ailleurs, deviennent incurables ; c'était une constitution radicale du crédit foncier qu'il fallait préparer en utilisant les travaux entrepris depuis 1845 sur ce sujet ; c'est ce qui fut compris par le congrès central et le conseil général de l'agriculture, qui concentrèrent leurs efforts vers ce but. Au mois d'avril 1850, M. Wolowski, qui, quinze ans auparavant, avait appelé déjà l'attention des économistes sur les avantages que présentaient les institutions allemandes, fit, dans un rapport tout d'observations et de faits, le tableau saisissant de la détresse dans laquelle languissait l'industrie agricole, et sollicita d'urgence les mesures qui pouvaient sauver l'avenir de la propriété foncière.

**11**. Il n'entre point dans les conditions du cadre que nous avons assigné à notre travail de reproduire ici dans tous leurs détails les études, les enquêtes et les rapports qui ont précédé et préparé les importantes dispositions du décret du 28 février 1852, par lequel le chef de l'État, fort de son expérience personnelle sur les institutions de crédit en Allemagne, et animé du désir d'en faire sans retard profiter le pays, devança, en la suppléant, une loi qu'on n'aurait peut-être que difficilement obtenue des trois épreuves législatives auxquelles il aurait fallu soumettre cette question d'un intérêt si pressant (1).

Ce décret n'est pas venu seulement comme un allégement aux embarras et aux souffrances de la propriété existant au moment où il a paru, son influence a été et restera générale ; le bienfait de ses dispositions élèvera graduellement la valeur réelle, intrinsèque, pour ainsi dire, du sol, en même temps qu'il favorisera considérablement sa valeur d'exploitation.

**12**. En effet, les charges dont la terre est grevée, les soins qu'elle commande pour sa préparation à la culture, son entretien et son amélioration, toutes ces dépenses sont en disproportion avec les résultats qu'elle peut ordinairement produire, et sur lesquels cependant on est presque toujours porté à se faire illusion. Le charme tout particulier qui s'attache à la possession territoriale entraîne trop souvent, pour la conserver, à des expédients dont on ne calcule pas le danger ; on agit comme si l'on devait trouver dans le revenu de son immeuble les ressources suffisantes pour couvrir les sacrifices qu'on s'est imposés et les engagements qu'on a pris, et, cependant, c'est quelquefois avec beaucoup de peine qu'on peut suffire au payement des intérêts de la somme empruntée. L'échéance du capital arrive, on est impuissant pour y faire honneur, et, en présence de l'expropriation, on accepte du prêteur, si même on ne les sollicite pas, les conditions les plus rigoureuses pour n'obtenir qu'un délai plus court encore que celui qui vient d'expirer. Enfin le terme fatal arrive, et, avec lui, l'expropriation, dont les formalités ruineuses enlèvent jusqu'aux dernières ressources.

**13**. Le décret du 28 février 1852 a donc ouvert une ère nouvelle

---

(1) Voir sur ce sujet l'excellent ouvrage de M. Josseau, avocat, l'un des membres les plus actifs des commissions qui se sont succédées pour étudier l'organisation des divers systèmes de crédit foncier, et en préparer l'application en France.

aux destinées de la propriété foncière ; il a substitué à l'emprunt de courte durée, aux conditions usuraires, au remboursement difficile, un emprunt à long terme, un remboursement par annuités, dont la somme, comprenant avec l'intérêt l'amortissement du capital, n'excède jamais et n'atteint quelquefois pas celle des sacrifices que l'emprunteur à court terme était obligé de s'imposer.

En même temps qu'il facilite ainsi le dégrèvement de la propriété foncière, il ouvre aussi aux capitaux un débouché permanent, préférable à tout autre mode d'emploi comme sécurité, puisque leur garantie repose sur une solidarité hypothécaire qui embrasse la généralité des opérations représentées jusqu'à concurrence de moitié de leur capital par des *lettres de gages*.

**14.** Ces avantages furent si bien compris qu'immédiatement après le décret du 28 février, une Société importante, reposant sur un capital de vingt-cinq millions, était formée par les personnages les plus recommandables dans la finance et dans l'administration. En très-peu de temps le chiffre des souscriptions s'éleva à dix millions. La Société fut autorisée le 28 mars, un mois après le décret organique, sous le titre de *Banque foncière de Paris*, et le cercle de ses opérations devait comprendre les sept départements du ressort de la Cour impériale.

L'accueil fait en province à ce décret fut tout aussi empressé ; les hommes les plus considérables par leur crédit financier et leur position sociale s'occupèrent activement d'étudier l'application de ces institutions dans les grands centres où ce mode de crédit pouvait recevoir un développement plus utile. Des constitutions de Sociétés eurent lieu ; des statuts rédigés, suivis de demandes d'autorisation, furent présentés et soumis à une commission nommée par le Ministre de l'intérieur, de l'agriculture et du commerce, et chargée de l'examen des demandes, de la révision des statuts et de l'appréciation des circonscriptions territoriales proposées.

**15.** Deux Sociétés, celle de Marseille, comprenant tout le ressort de la Cour impériale d'Aix, et celle de Nevers, comprenant les départements de la Nièvre, du Cher et de l'Allier, sortirent immédiatement de cette élaboration et furent autorisées, la première le 20 septembre, la seconde le 18 octobre. Toutes les deux étaient fondées sur les mêmes bases que la Banque foncière de Paris. D'autres Sociétés non moins importantes se préparaient à Rouen, Bordeaux, Brest, Poitiers, Orléans, Limoges ; celles de Lyon et de Toulouse allaient obtenir l'autorisation. Les fonds souscrits par toutes ces Sociétés, qui embrassaient une étendue de près de cinquante départements, ne s'élevaient pas à moins de quatorze millions.

**16.** Ce mouvement général témoignait d'une manière non équivoque combien cette nature d'institution répondait à des besoins en souffrance depuis longtemps. Mais, si cet empressement dans les provinces était un hommage rendu aux principes positifs sur lesquels repose le crédit foncier, il devait néanmoins éveiller l'attention sur les conséquences qui pouvaient en résulter au point de vue de leur application.

**17.** La multiplicité des Sociétés de crédit foncier devait-elle être favorable ou nuisible à l'effet qu'on était en droit d'en espérer?

L'indépendance de chaque Société, quant à son organisation. administrative, ses moyens d'action, ses éléments de crédit, n'aurait-elle pas l'inconvénient de restreindre dans une mesure trop étroite les ressources attachées aux opérations?

La concurrence, sinon immédiate, du moins relative, qui s'établirait entre chaque Société ne serait-elle pas un obstacle au développement utile de chacune d'elles, en ce sens que la négociation des titres pourrait être entravée par les difficultés réelles ou simulées qui s'élèveraient à l'occasion de la nécessité de se renseigner sur le plus ou le moins de stabilité et de consistance de la Société qui les aurait émis?

Enfin cette similitude d'opérations de même nature et ayant un même objet, l'allégement de la propriété foncière, ne ferait-elle pas naître une rivalité dangereuse dans laquelle chaque Société, en vue de dépasser en affaires sa voisine, entraînée par un esprit de spéculation, ferait des concessions, et sortirait ainsi des bornes imposées par les règlements? Ne serait-il pas à craindre que, ces concessions amenant des prétentions nouvelles, la Société, dont les opérations hasardées n'auraient pu faire aux emprunteurs que des positions irrégulières, n'arrivât bientôt à sa ruine?

**18.** Ces questions, sérieusement étudiées même avant le décret du 28 février, avaient sans doute besoin, pour être résolues, de l'expérience fournie par la création de Sociétés indépendantes; c'était, d'ailleurs, une satisfaction donnée au principe de liberté qui fait la base du décret. Si, dans les deux Sociétés de Marseille et de Nevers, les inconvénients que nous venons de signaler n'ont pas eu le temps de se produire, ils ont certainement été assez pressentis pour fixer l'incertitude des esprits et les ramener à l'unité d'organisation des institutions de crédit foncier.

**19**. Sans doute on pourrait dire en faveur de l'indépendance et de la localisation des Sociétés que la valeur des propriétés foncières présentait, suivant la nature des contrées, des différences que l'observation locale pouvait seule apprécier et faire ressortir, autant dans l'intérêt des emprunteurs que dans celui de la Société ; on pouvait ajouter aussi que, les conditions de moralité et de position sociale devant être de quelque poids dans les résolutions du prêt à effectuer, il était plus facile d'être fixé sur ce point délicat, d'une manière exacte et impartiale, dans le lieu même où l'emprunteur a son domicile et son établissement.

Ces objections ont perdu leur importance par suite des dispositions des décrets dont nous donnons ci-après la substance, et qui ont progressivement constitué l'unité d'organisation et d'administration du Crédit foncier en France, en prescrivant toutefois l'établissement de succursales dans chaque ressort de Cour impériale.

**20**. Le 12 décembre 1852, un décret consacre la nouvelle dénomination de CRÉDIT FONCIER DE FRANCE que prend la *Banque foncière de Paris*. Le privilége accordé à cette Société par le décret du 28 mars précédent est étendu à tous les départements où il n'existe pas de *Société de crédit foncier*.

La Société du Crédit foncier de France peut, avec l'approbation du Gouvernement, s'incorporer les Sociétés de Crédit foncier établies.

Le même décret accorde à la Société de Crédit foncier de France une subvention de dix millions de francs, qui sera versée proportionnellement à l'importance des prêts effectués.

Nous voyons dans cette disposition, qui vient après celle relative à l'incorporation des Sociétés de Crédit foncier établies, l'intention bien arrêtée d'arriver à l'unification.

Le décret du 28 février plaçait les Sociétés de Crédit foncier dans les attributions et sous la surveillance du Ministre de l'intérieur, de l'agriculture et du commerce, et sous celle du Ministre des finances ; un décret du 26 juin 1854, considérant qu'il importe de soumettre ces Sociétés à une autorité et à une surveillance uniques, les place désormais dans les attributions du Ministre des finances seul.

Enfin, par un décret du 28 juin 1856, sont approuvés les traités par lesquels le Crédit foncier de France s'est incorporé les Sociétés de Crédit foncier de Nevers et de Marseille.

**21**. A partir de ce décret, il n'y a plus en France qu'un seul établissement de crédit foncier ; seulement, comme nous l'avons vu déjà, il lui est prescrit d'établir une succursale au chef-lieu du ressort de chaque Cour impériale, et la Société doit avoir, au 1<sup>er</sup> janvier 1857, complété le placement de deux cents millions, correspondant au contingent hypothécaire.

Ainsi, de même que l'expérience acquise de 1852 à 1854 a fait préférer la surveillance unique du Ministre des finances à une surveillance fractionnée, de même on a compris, en 1856, qu'un établissement de crédit foncier placé sous une unité de direction, au centre de toutes les affaires importantes, présentait des garanties plus certaines et devait, par conséquent, exercer une action plus directe sur les capitalistes et sur les emprunteurs.

**22**. L'établissement de succursales offre tous les avantages qu'on pouvait trouver chez les Sociétés indépendantes, sans en avoir les inconvénients. En effet, la mission spéciale des directeurs (1) ou correspondants, qui sont, pour les succursales, toujours choisis parmi les hommes les plus recommandables et les plus expérimentés, consiste à s'éclairer sur la nature et les conditions que présentent, en général, les biens et les personnes dans le cercle de leur direction ; d'étudier particulièrement les exceptions qui peuvent se produire, afin de pouvoir les apprécier assez pour admettre ou rejeter une opération proposée, de manière à exposer le moins longtemps possible les postulants aux alternatives et aux lenteurs de préliminaires fatigants.

Au point de vue des intérêts de la moyenne et de la petite propriété, les succursales amèneront des résultats plus satisfaisants que ne l'auraient pu faire les sociétés locales indépendantes. Les correspondants des succursales, animés de l'esprit de la direction générale, resteront étrangers aux influences et aux considérations personnelles qui auraient plus ou moins agi sur une société particulière; ils verront, dans le rôle que doit remplir la Société du Crédit foncier de France, autre chose que l'opération financière sèche, à calculs étroits; ils comprendront qu'ils représentent une institution économique de premier ordre, dont l'action, suivant qu'elle sera plus intelligemment répandue, doit réaliser d'importantes améliorations

---

(1) Les succursales n'ont point de directeurs déterminés. La Société a des correspondants spéciaux pris parmi les notaires, ou d'anciens fonctionnaires. Elle est indépendamment renseignée directement par les receveurs généraux, qui la représentent en définitive pour tous les détails financiers que comportent les opérations.

tout à la fois matérielles et morales, surtout sur les populations rurales, et sur la moyenne et la petite propriété, qui, jusqu'à présent,
ont le plus souffert de l'absence d'une organisation de crédit. Si,
comme les paysans de la Silésie, nos cultivateurs, propriétaires ruraux, n'ont pas à s'affranchir de charges féodales, ils ont à se préserver des formalités ruineuses qui viennent entraver et souvent
rendre vains les efforts qu'ils font pour conserver leurs terres ou en
développer la fertilité. Il faut bien se pénétrer que le Crédit foncier
de France, conformément à l'esprit du décret auquel il doit son institution, est plutôt spécialement appelé à venir en aide à la généralité des petites et moyennes propriétés embarrassées et languis-
santes qu'à favoriser exclusivement la grande propriété.

**23.** Cet avantage que la moyenne et la petite propriété doivent retirer de la Société du Crédit foncier est d'autant mieux senti que, dans
le principe, on avait paru craindre qu'il n'en fût pas ainsi. D'abord,
disait-on, la petite propriété est dans une condition qui sollicite
moins l'attention et l'intérêt ; elle offre peu de surface à la garantie,
parce qu'on ne tiendra pas compte d'avance de l'amélioration qu'elle
est susceptible d'obtenir par l'effet même des emprunts ; la sécurité
pour le payement des annuités ne paraîtra pas assez certaine, et les
formalités à remplir pour régulariser sa situation sont relativement
trop coûteuses.

Les raisons sur lesquelles s'appuyaient ces craintes se sont considérablement modifiées. La Société du Crédit foncier a adopté pour
principe de ne prêter que jusqu'à concurrence de la moitié de la valeur de l'immeuble ; cette règle, appliquée à la grande comme à la
petite propriété, offre la même garantie pour les deux cas ; la Société
n'a donc pas de motifs pour écarter les emprunts de cette nature
qui lui sont demandés. Quant à l'appréciation de l'amélioration éventuelle que doit surtout amener la réalisation de l'emprunt, si elle
n'est pas essentiellement manifestée, elle entrera au moins indirec-
tement dans les motifs qui auront dirigé les renseignements, et cette
considération contribuera à rassurer la Société sur l'exactitude de
l'emprunteur à verser le montant des annuités, surtout lorsque c'est
lui-même qui exploite sa propriété. La raison relative aux frais et
aux difficultés pour l'établissement légal de la propriété a également
perdu de sa valeur depuis la loi sur la transcription.

**24.** On ne peut pas se dissimuler que si, pour la petite et la moyenne
propriété, l'emprunt a longtemps été difficile à réaliser, ou ne l'a
été qu'aux prix de sacrifices considérables, dans la somme desquels

le prêteur cherchait une compensation au danger qu'il courait, c'est que la constatation hypothécaire présentait des difficultés multipliées qui, le plus souvent, la rendaient impossible ; aussi est-ce avec raison que M. le procureur général Dupin disait en 1840 devant la Cour de cassation : « En France, lorsque l'on achète, on n'est jamais sûr de devenir propriétaire ; lorsque l'on prête sur hypothèque, on n'est jamais sûr d'être remboursé. » En effet, on ne pouvait constater clairement la légalité de la propriété entre les mains de celui qui la possédait ; aussi le prêteur qui contractait dans cette situation équivoque était aussi peu garanti que le serait le prêteur sur un gage mobilier réclamé par le propriétaire légitime contre le possesseur apparent qui l'aurait engagé ; car l'immeuble n'est autre chose qu'un gage mobilisé transitoirement par la formule hypothécaire : seulement, si pour l'objet mobilier engagé, la possession apparente peut suffisamment établir la propriété, il ne saurait en être de même pour un immeuble sur lequel des droits antérieurs peuvent être exercés. Dans ces conditions, le Crédit foncier ne pouvait que s'abstenir comme intermédiaire entre les capitalistes et les emprunteurs ; il ne peut rien laisser au hasard, et les obligations qu'il crée en représentation des fonds qui lui sont confiés doivent, comme valeurs de premier ordre, reposer sur des gages certains et incontestables. Dans une matière aussi délicate que le crédit, surtout lorsqu'il embrasse des opérations qui touchent à l'intérêt général, à l'ordre public même, il ne suffit pas que la présomption, la tradition, l'usage et la possession soient en faveur de la propriété d'un immeuble, il faut que celui qui contracte à ce sujet soit comme prêteur, soit comme acquéreur, voie clairement dans la situation de la propriété qui fait l'objet du contrat.

**25.** La nouvelle loi sur la transcription, à mesure qu'elle avancera dans l'application pratique, fera disparaître toutes les obscurités au milieu desquelles l'état réel des immeubles a trop longtemps été plongé, dans les campagnes surtout, où l'on en était arrivé souvent à consentir des ventes ou des prêts de confiance et sur la foi d'une possession apparente plus ou moins expliquée (1).

La Société du Crédit foncier de France favorisera, nous en sommes certain, le développement et l'application de cette loi, dont les dis-

---

(1) Voir au *Guide pratique de l'Enregistrement* ce que nous avons dit plus particulièrement dans l'intérêt des populations rurales sur *la Transcription*. Deuxième partie, pages 45 à 69.

positions, chaque jour mieux comprises, amèneront des résultats plus efficaces; car il ne faut pas perdre de vue que les institutions de Crédit foncier, qu'elles soient distribuées en établissements distincts sur la surface du territoire ou qu'elles soient concentrées sous une même direction, ont la double tâche, c'est *de fournir à l'agriculture des fonds dont elle a besoin pour améliorer ses cultures et augmenter ses produits, et de procurer à la propriété grevée de dettes hypothécaires un adoucissement à ses charges et un moyen de libération.* Les conséquences de cette mission seront d'élever l'agriculture à la hauteur des industries qui, jusqu'à ce jour, ont absorbé tout à la fois les capitaux et l'activité dans une proportion exagérée. Pour atteindre ce niveau, il faut nécessairement que le bienfait du Crédit foncier de France ne s'arrête pas à la grande ni même à la moyenne propriété; il faut que la petite propriété, et nous entendons par là le modeste et laborieux cultivateur qui fait lui-même valoir son bien, puisse trouver un accès facile auprès du Crédit foncier. Sans doute il peut arriver que le trop peu d'importance de l'immeuble ne permette pas de lui imposer les sacrifices d'un emprunt direct; mais alors ne serait-il pas possible de trouver une combinaison qui associât, pour certains cas, la petite propriété aux emprunts faits par les communes et les associations syndicales de manière à la faire profiter aussi des avantages plus précieux pour elle encore que pour la grande propriété. Nous livrons cette idée à la sagesse et aux lumières du conseil d'administration du Crédit foncier de France, bien convaincu que rien de ce qui peut accroître l'effet utile et bienfaisant de leur institution n'échappera à la haute sagacité qui vient de créer la Société du *Crédit agricole* après avoir organisé le service du Crédit foncier aux diverses applications suivantes :

**26**. 1° Le 28 mai 1858, le Crédit foncier de France est substitué à l'Etat pour les prêts à faire jusqu'à concurrence de 100 millions, en vertu de la loi du 17 juillet 1856 sur le drainage;

2° Le 11 janvier 1860, le privilége accordé au Crédit foncier de France est étendu au territoire de l'Algérie;

3° Le 19 mai 1860, la Société du Crédit foncier de France est substituée au Comptoir d'escompte de Paris pour toutes les opérations de ce Comptoir avec le Sous-Comptoir des entrepreneurs de bâtiments;

4° Le 6 juillet 1860, la Société du Crédit foncier de France est autorisée à prêter aux départements, aux communes et aux associations syndicales, les sommes qu'ils auraient obtenu la faculté d'emprunter.

Nous allons examiner successivement et très-sommairement le caractère et l'importance de chacune de ces annexes, pour ainsi dire, aux attributions de la Société du Crédit foncier de France.

**27. Drainage.** Les travaux de drainage sont essentiellement liés aux développements et à l'amélioration de l'agriculture. Par la loi du 17 juillet 1856, l'Etat était autorisé à employer une somme de 100 millions en prêts pour travaux de drainage. Par suite de la délégation qui lui en a été faite par le décret du 28 mai 1858, la Société du Crédit foncier de France s'est chargée de réaliser ces prêts en prenant la responsabilité des sommes prêtées. Elle est autorisée à contracter, sous la garantie du Trésor, des emprunts successifs, sous formes d'obligations dites obligations du drainage, qui pourront être émises au-dessous du pair et remboursables au pair. Jusqu'à ce jour, il ne paraît pas qu'il ait été fait aucune émission de cette nature d'obligations. On voit dans l'exercice de 1858 que, sur vingt-deux demandes d'emprunt du drainage, dix seulement ont été admises. Dans l'exercice de 1859, l'emprunt du drainage ne figure que pour 36,000 fr. ; dans celui de 1860, il s'élève à 387,750 fr., ce qui forme pour les trois années un total de 423,750 fr.

Ce chiffre nous paraît peu important, eu égard au crédit de 100 millions ouvert pour cet objet. Il est vrai que les opérations de drainage sont peu répandues ; dans quelques contrées elles sont encore mal appréciées et auraient besoin d'être démontrées même au prix de quelques concessions nouvelles. Les résultats avantageux que la culture, en général, est appelée à retirer de ce procédé auraient bientôt couvert les sacrifices qu'on se serait imposés.

**28.** ALGÉRIE.—Depuis le 28 mars 1860, est en vigueur le décret du 11 janvier précédent, qui étend à l'Algérie le privilége accordé au Crédit foncier de France par les décrets du 28 mars et 10 décembre 1852.

L'action que doit exercer la Société en Algérie sera d'autant plus fructueuse et, nous le croyons, d'autant plus prompte, que le malaise depuis longtemps causé par la rareté des capitaux a fait tourner l'attention générale vers la propriété immobilière. Les ressources nombreuses que la fertilité naturelle de la terre et l'influence du climat assurent à une culture régulière que l'absence d'argent n'a, jusqu'à ce jour, permis d'organiser que partiellement, sont une garantie certaine pour les opérations du Crédit foncier de France. C'est, en définitive, de la production de la terre qu'il faut attendre le tribut de l'annuité ; sous ce rapport, le sol de l'Algérie présente des conditions pour le moins aussi favorables que celui de la France. Le Crédit foncier, en ne s'attachant même qu'à la valeur vénale que présentent actuellement les propriétés immobilières de l'Algérie, y trouve une sécurité suffisante pour garantir les prêts. Nous pensons que l'importance, quoique éventuelle des produits, augmentera considérablement cette garantie.

La question relative à l'établissement plus ou moins régulier de la propriété entre les mains des détenteurs actuels devait aussi préoccuper la Société, quoique au fond les difficultés, qu'on peut toujours prévoir à cause du caractère tout nouveau de la possession en Algérie, soient moins embarrassantes qu'en certaines contrées et pour certains cas en France, où la confusion des titres se perd quelquefois dans la nuit des temps. A ce point de vue, nous sommes persuadé que la régularisation des propriétés est facile à réaliser en Algérie, le point de départ de chaque possession étant plus aisé à constater.

La Société du Crédit foncier n'a pas cru devoir, néanmoins, donner sur ce nouveau sujet le même développement à ses opérations ; aussi, le décret qui détermine ses rapports avec l'Algérie contient-il des dispositions spéciales qui font exception aux règles générales de ses attributions. Ainsi :

**29.** Les prêts faits en Algérie ne pourront dépasser 5 p. 0/0 de la totalité de ceux réalisés en France (1). Cette proportion pourra cependant être augmentée par un décret rendu dans la forme des règlements d'administration publique, sur la demande du Conseil d'administration du Crédit foncier, approuvée par l'Assemblée générale des actionnaires.

Les prêts sont réalisés en numéraire ; ils sont remboursables par annuités, comprenant : 1° l'intérêt dont le taux ne peut dépasser 8 p. 0/0 ; 2° la somme nécessaire pour amortir la dette dans le délai de trente ans au plus ; 3° les frais d'administration qui ne peuvent excéder 1 fr. 20 c. Pour les emprunts d'une durée de moins

---

(1) La somme à ce jour à la disposition des emprunteurs serait de 9,398,896 fr. ; somme insuffisante, si, comme il y a tout lieu de l'espérer, l'institution du Crédit foncier est appréciée en Algérie comme elle l'est en France.

de trente ans, l'annuité sera établie sur les mêmes bases. Dans le cas de remboursement anticipé, l'indemnité allouée à la Société est fixée à 50 centimes p. 0/0. La jouissance gratuite d'une maison est assurée à la Société pour y établir les bureaux de son administration pendant toute la durée du privilége ; pendant le même temps, ses agents auront droit au transport gratuit des côtes de France aux côtes de l'Algérie.

**30.** Comptoir d'escompte.—Par une loi du 19 mai 1860, la Société du Crédit foncier de France a été substituée au Comptoir d'escompte pour toutes les opérations du Sous-Comptoir des entrepreneurs de bâtiments, jusqu'à concurrence de 2,500,000 fr.

Il est de l'essence des institutions de crédit foncier, non-seulement de faciliter les progrès de l'agriculture, mais aussi de favoriser la mise en rapport de terrains improductifs, en fournissant les moyens d'élever des constructions qui augmentent la valeur des immeubles, et, par conséquent, le gage des prêts à long terme. Cette pensée se trouve formulée dans l'exposé des motifs de la loi du 6 juillet 1860, et dont nous citons un passage qui la résume : « Les travaux qu'entreprennent les associations syndicales pour les desséchements, pour les irrigations, pour les endiguements, ont pour caractère constant de rendre le sol plus productif ; ceux qui sont entrepris par les départements et les communes, comme les routes nouvelles, les percements de rues, ont aussi pour résultat de donner plus de valeur aux propriétés rurales et urbaines. »

Le Sous-Comptoir des entrepreneurs, appréciant à ce point de vue tout ce que le Crédit foncier de France pouvait exercer d'influence sur le développement de ses opérations, a modifié ses statuts de manière à rattacher, dans une certaine mesure, l'ensemble de ses affaires au Crédit foncier, qui se trouve appelé, après avoir reçu préalablement comme dépôt de garantie les trois quarts du capital social de la Société du Sous-Comptoir, à ouvrir des crédits à l'occasion des travaux de construction entrepris, sur nantissement de créances, de valeurs ou de marchandises. Indépendamment de l'acte constatant la convention entre le directeur du Sous-Comptoir et l'accrédité, celui-ci consent des billets qui, endossés par le directeur, sont remis au Crédit foncier. Le Crédit foncier a le droit de limiter ses opérations à 9 millions de francs, sur lesquels la somme applicable aux prêts sur nantissement ne pourra excéder 750,000 fr. Si le crédit vient à cesser après l'entier achèvement de l'immeuble ou par une cause quelconque, et, si l'accrédité n'acquittait pas ses effets, il devra remplir les formalités nécessaires pour remplacer le crédit ouvert par un prêt du Crédit foncier, qui ne pourra jamais être au-dessous de la moitié de la valeur de l'immeuble.

**31.** DÉPARTEMENTS ET COMMUNES. — La loi du 6 juillet 1860 qui a autorisé la Société du Crédit foncier de France à faire des prêts aux départements, aux communes et aux associations syndicales, a considérablement ajouté à l'importance de ses attributions, et consacré en même temps l'influence et l'autorité de cette institution sur toutes les transactions qui touchent aux propriétés foncières. Ce résultat est d'autant plus significatif en faveur de la Société que les départements, les communes, les associations syndicales, avaient déjà comme crédit des ressources nombreuses et d'une réalisation facile, soit par la voie d'emprunts souscrits, soit par emprunts directs, et que les sûretés de remboursement permettaient d'abaisser l'intérêt au taux le plus favorable. Mais quelque bonnes que fussent les conditions, il leur manquait deux choses essentielles : le long terme et l'amortissement, qui s'associent parfaitement avec la destination particulière de ces établissements, dont l'intérêt général est la base spéciale et permanente. La Caisse des dépôts et consignations a fait, il est vrai, des prêts aux départements et aux communes, à un intérêt parfois inférieur à 5 p. 0/0 ; mais, indépendamment du peu d'extension qu'elle donnait au capital consacré à ce service, et qui, annuellement, ne dépassait jamais quatre à cinq millions, la limite de la durée des prêts était plus souvent au-dessous de dix ans qu'au-dessus.

Comme les emprunts faits par les départements, les communes ou les associations syndicales sont en vue d'opérations ou d'entreprises dont la réalisation demande un temps plus ou moins long, il leur devient très-profitable de contracter avec le Crédit foncier, sans limitation de sommes ni de durée autre que celle nécessaire à l'amortissement de l'emprunt; cette durée peut être de 10 à 50 ans. Dans le cas d'une renonciation à un payement par anticipation, le Crédit foncier fait aux communes l'abandon de la commission de 45 centimes, ce qui réduit les charges de l'emprunt, pour l'intérêt et l'amortissement, à 5 p. 0/0 seulement. Enfin, les prêts sont consentis avec ou sans hypothèque et réalisés en numéraire. (Voir modèle n° 1 et tableau C.)

L'importance de cette partie des attributions du Crédit foncier de

France s'est manifestée immédiatement. Depuis la loi du 6 juillet 1860, le chiffre des emprunts dépasse trente millions.

Sans agir directement sur l'amélioration et le développement de l'agriculture, l'effet de ces opérations profite néanmoins aux intérêts agricoles, par la plus-value que prennent les immeubles, et par la facilité qu'acquièrent les départements et les communes emprunteurs de favoriser les travaux de la culture dans l'étendue de leur territoire.

**32**. CRÉDIT AGRICOLE.—Depuis le commencement de l'année 1857, la Société du Crédit foncier de France s'était préoccupée de constituer le Crédit agricole, afin d'apporter à la forme et aux procédés de l'agriculture les moyens d'amélioration et de développement qu'elle a assurés au fonds. Elle préparait par là une réponse victorieuse aux reproches indirects qu'on lui faisait de ne favoriser que la propriété foncière. Ces reproches, du reste, étaient peu fondés, car la Société ne pouvait, même par assimilation à l'objet de ses statuts, en étendre la portée à des opérations non prévues, quelque analogie qu'elles pussent avoir avec celles qui lui sont propres.

Il s'agissait, en effet, de favoriser les moyens qui concourent à faire fructifier la terre, qu'ils soient concentrés sous une direction industrielle, ou divisés dans les mains des travailleurs. Les combinaisons qui devaient donner satisfaction à ces intérêts multiples ne pouvaient être raisonnablement arrêtées qu'après la complète ordonnance des opérations de la Société du Crédit foncier de France. Il y a dans les diverses attributions de cette institution une telle affinité de moyens, pour ainsi dire solidaires les uns des autres, que la pensée qui préside à leur équilibre devait étudier sérieusement une annexe aussi intéressante que l'est le Crédit agricole.

Le 25 juillet 1860, les administrateurs et les censeurs de la Société du Crédit foncier de France arrêtèrent avec le Ministre de l'agriculture, du commerce et des travaux publics, et le Ministre des finances, une convention en qualité de fondateurs de la Société du *Crédit agricole.*

Aux termes de cette convention, les fondateurs s'engagent à former, sous l'approbation du Gouvernement, une Société anonyme ayant pour objet de procurer des capitaux ou des crédits à l'agriculture et aux industries qui s'y rattachent, et de faire, avec une autorisation spéciale, toutes les opérations ayant pour but de favoriser le défrichement ou l'amélioration du sol.

Cette convention fut approuvée par une loi du 28 du même mois, qui consacre en faveur de la Société une subvention pour le cas où ses bénéfices annuels ne suffiraient pas à la couvrir des frais d'administration et des intérêts, au taux de 4 0/0 du capital social versé. La différence serait alors payée par l'Etat à la Société, et cela pendant cinq ans, sans que la somme puisse jamais excéder annuellement le chiffre de 400,000 francs.

Le 16 février 1861, un décret autorisa la Société, dont les statuts furent publiés. (Voir, aux sections v et vi, le texte et les commentaires.)

**33**. Après avoir passé en revue les diverses phases parcourues par la Société du Crédit foncier de France, il n'est pas sans intérêt de jeter un regard en arrière pour se rendre compte des difficultés et des préventions que cette institution a eu à combattre, et dont quelques-unes restent encore, même en présence d'un succès incontestable.

Lorsque parurent les premiers projets d'établissements de Crédit foncier en France, quelques esprits exclusifs avaient cru devoir n'admettre de ces institutions que ce qui pouvait immédiatement se rattacher et profiter à l'agriculture et au sol, sans tenir compte des procédés et des moyens par lesquels il était nécessaire de préparer les bases de ce Crédit d'un genre tout nouveau. Après les débuts de la Banque foncière de Paris et sa transformation en Société du *Crédit foncier de France*, concentrant sous une direction unique les opérations importantes dont le cercle avait été déjà considérablement élargi, ces mêmes esprits n'ont vu, dans le développement et la centralisation des affaires de cette institution, qu'un résultat très-indirectement profitable à l'agriculture proprement dite; dans leur opinion, l'intérêt de la propriété foncière n'est qu'un prétexte; le véritable motif, c'est l'organisation d'un nouveau système financier, par la création de valeurs à primes et à lots, afin d'entretenir ainsi un mouvement de fonds, très-productif sans doute pour la Société qui lui donne l'impulsion et le dirige, mais sans action réelle sur les intérêts agricoles.

Les critiques, qui embrassaient tout à la fois la nature même de l'institution et ses divers modes d'application, portaient plus particulièrement sur deux points :

1° Mobilisation de la terre par la réalisation des prêts en lettres de gage ou obligations foncières, et non en numéraire;

2° Concurrence fâcheuse à l'action du notariat par les prêts à long terme et le rigoureux examen des titres de propriété.

**34**. Examinons rapidement la valeur de ces deux énonciations.

Sur la première, nous dirons que c'est faire une étrange application des procédés d'économie financière que de voir une *mobilisation* du sol dans la fraction d'hypothèque représentée par la lettre de gage ou l'obligation foncière. La mobilisation du sol n'est pas plus là que n'est dans une lettre de change ou dans un billet à ordre la liberté individuelle du souscripteur. L'obligation foncière est une forme de crédit plus commode, sans contredit, que la grosse d'un contrat, qu'on ne peut faire valoir qu'à l'aide d'une cession ou d'un transport, suivi de notifications et de significations coûteuses ; mais l'une pas plus que l'autre ne mobilise l'immeuble qu'elle désigne, et qui reste terre, vigne, bois ou maison, ayant tout à la fois sa valeur intrinsèque et celle que lui donne le travail, — ensemble qu'on ne mobilisera jamais et qui restera comme base immuable de toute bonne organisation économique.

Le reproche qui porte sur l'emploi que la Société fait des titres créés, qu'elle substitue au numéraire pour la réalisation des prêts, semble, au premier abord, plus spécieux, mais il s'évanouit aussitôt devant le raisonnement.

En effet, pour que le reproche fût fondé, il faudrait que la somme représentée par la lettre de gage fût la fraction d'un capital incertain, flottant ; mais il n'en est rien, puisque la Société n'est autorisée à émettre des obligations que jusqu'à concurrence de moitié de leur capital réalisé : la lettre de gage est donc un billet à longue échéance, réalisable tous les jours, garanti par une hypothèque et par une somme égale à celle qu'il énonce. Voilà pour la sécurité. Voyons maintenant, comme valeur effective, quelle différence il y a pour l'emprunteur à recevoir le prêt qu'on lui fait en obligations foncières, au lieu de le recevoir en numéraire.

**35**. Il faut d'abord reconnaître un principe, c'est que la Société ne peut pas prêter son argent ou ses valeurs à un intérêt inférieur à celui qu'ils lui coûtent. Elle ne peut pas non plus se constituer gratuitement l'intermédiaire des capitalistes et des emprunteurs ; il lui faut donc porter en ligne de compte, sous le titre de commission, les divers frais d'administration que nécessitent ses affaires. Ces deux points arrêtés, notons en passant que, quel qu'en soit le chiffre, il est certain qu'il restera toujours au-dessous de celui de l'intérêt et des frais de l'emprunt particulier, et qu'il ne le dépassera même pas si le prêt a lieu à long terme, avec amortissement.

Maintenant, admettons un emprunt de 10,000 francs, que la Société réalise en obligations foncières de 500 fr. 4 0/0. Supposons, au jour de l'emprunt, ces obligations cotées à la Bourse à 485 : il est évident qu'il y aura, entre la somme portée au contrat en vingt obligations de 500 francs, et celle réalisée par l'emprunteur en négociant ses titres, une différence en moins de 300 francs. Mais remarquons bien que la Société ne bénéficie en aucune façon de cette différence ; elle a remis ses valeurs à elle énonçant une somme de 500 francs, elle reprendra ces mêmes valeurs en remboursement, soit à terme, soit par anticipation, du montant du prêt, quel que soit le cours de la Bourse au jour où on voudra l'effectuer : de sorte que, si la cote est inférieure à celle du jour de l'emprunt, à 440 francs par exemple, on peut racheter à ce taux des titres avec lesquels on se libère de 500 francs vis-à-vis de la Société, en bénéficiant d'une somme de 45 francs sur la négociation de ceux qu'on a reçus primitivement ; il resterait encore, en faveur de l'emprunteur, un avantage de 30 francs par obligation. En définitive, l'emprunteur doit 10,000 francs à la Société, moins ce qui s'est éteint par l'amortissement ; il rembourse la Société en la même monnaie qu'il en a reçue, ou, s'il trouve un avantage à garder cette monnaie, il rembourse en numéraire.

**36.** Nous avons pris ici la critique à son point de vue étroit, parce que c'est par là qu'elle produit le plus d'effet et exerce le plus d'influence sur les esprits peu familiarisés avec les questions d'économie financière ; mais, à un point de vue plus élevé et général, cette critique ne vaudrait pas l'honneur d'un examen.

**37.** En effet, le crédit d'une institution ne repose pas seulement sur son principe créateur, quelque utile et bienfaisant qu'il soit ; il lu faut des moyens pour s'étendre, se généraliser, se perpétuer même. Ces moyens-là sont, pour ainsi dire, le crédit mobile du crédit principe. Une société de crédit qui se fonde en vue de répondre à des besoins ou de réaliser des améliorations utiles ne peut pas s'arrêter faute de ressources, parce que ces ressources, il est de son essence de les créer. Or, c'est ce que devait faire la Société du Crédit foncier de France, et c'est ce qu'elle a fait en émettant les obligations foncières pour remplacer le numéraire. Elle ne pourrait pas dire : Je ne prête plus, ou je prête moins, parce que je n'ai pas d'argent. On lui répondrait : Vous avez le crédit qui ressort du principe de votre institution, crédit fortifié par l'appui du Gouvernement et le concours des autorités financières les plus recommandables ; prêtez-nous ce crédit pour ce qu'il vaut, nous nous en contentons, à la condition de vous le rendre pour ce qu'il vaudra lorsque nous nous acquitterons envers vous.

Le but que la Société se propose d'atteindre étant honnête par son principe, utile et avantageux par les résultats réalisables ; ce fractionnement de son crédit et l'escompte qu'elle en fait sont choses rationnelles, nous dirons même nécessaires, comme seuls moyens qui puissent concilier l'urgence qu'il y a de venir au secours de la propriété et la difficulté d'arracher les capitaux à l'attrait des spéculations mobilières.

Si la Société avait dû continuer à réaliser ses prêts en numéraire, elle n'aurait pu se procurer des fonds qu'en négociant les obligations émises ; il est certain qu'alors, les sacrifices forcés qu'auraient nécessités ses négociations ne trouvant pas de compensation dans l'intérêt consenti sur les prêts, elle aurait été forcée ou d'arrêter ses opérations, ou de demander l'autorisation d'élever le taux de l'intérêt pour le mettre en rapport avec le prix du numéraire. Cette disposition aurait certainement nui au développement des opérations, quel que fût l'avantage qui serait encore resté du système de prêt à long terme et de l'amortissement par annuités sur le prêt ordinaire. L'élévation du taux de l'intérêt n'aurait d'ailleurs pas eu de limites, car la dépréciation des valeurs directes du Crédit foncier aurait toujours été en proportion de l'étendue de ses affaires. Il fallait donc, pour établir un équilibre satisfaisant, mettre les obligations foncières sur le marché financier dans les mêmes conditions que les autres valeurs, de manière à ce que leur crédit tînt tout à la fois à la confiance qu'inspire l'institution en elle-même et au concours des emprunteurs, qui les acceptent comme numéraire.

**38.** L'expérience a complétement justifié toutes les prévisions à cet égard ; les craintes mêmes que pouvaient avoir les emprunteurs au sujet de la négociation des obligations qui leur étaient remises se sont évanouies devant l'intervention de la Société, qui, par ses relations, assure immédiatement le placement de ces titres. Enfin, une dernière objection, basée sur ce que l'emprunteur, en acceptant comme numéraire les obligations au pair et subissant une réduction du capital qui lui serait nécessaire, resterait néanmoins débiteur de la Société pour une somme inférieure à celle qu'il aurait reçue, se trouve détruite par un raisonnement bien simple.

D'abord, ainsi que nous l'avons démontré plus haut, l'emprunteur n'est jamais exposé à rendre plus qu'il n'a reçu, puisque, soit qu'il rembourse à fin de terme, soit qu'il s'acquitte par anticipation, il

peut rendre des obligations, si ce mode de remboursement lui convient mieux.

**39**. Ensuite, quant à la différence qui existerait entre la somme qu'il
lui était nécessaire d'emprunter et le produit de la négociation des
obligations foncières, il pouvait la couvrir en calculant à l'avance,
au cours du jour, le nombre d'obligations suffisant pour représenter
la somme dont il avait besoin. Supposons, par exemple, qu'il s'agisse
de 50,000 francs à emprunter, le cours des obligations foncières
4 0/0 étant à 480 ; au lieu d'emprunter cent obligations, il faudra en
emprunter cent quatre. Le calcul du montant de l'annuité, intérêt et
amortissement compris, pour un terme de cinquante années, portera
sur ces cent quatre obligations, et produira un chiffre de 2,943 francs
environ, qui ne représente pas même 6 0/0. — L'emprunt particulier à court terme et sans amortissement serait sans contredit plus
onéreux, d'abord parce que l'intérêt et ses accessoires dépasseraient
6 0/0, et qu'ensuite, à l'expiration du terme, l'emprunteur aurait à
rembourser le capital. Cet avantage que présente l'emprunt fait à
la Société est dû évidemment à la faculté de réaliser les prêts en
obligations foncières, ce qui n'exclut pas les prêts en numéraire,
toutes les fois que la Société juge convenable de les effectuer ainsi.
De même, il est des cas où le prêt en numéraire est obligé, tels que
pour les travaux du drainage, pour les communes, les associations
syndicales et les départements, ainsi que pour les emprunts algé-
riens ; mais ces exceptions ont des raisons d'être qui ne diminuent
en rien l'autorité du principe, qui veut que toute institution de crédit
s'appuie sur cette ressource fondamentale. Les Sociétés allemandes,
qui ont servi de modèle en France, n'ont jamais procédé que par
lettres de gage.

**40**. On avait pu craindre d'abord qu'en raison de la manière
d'être si différente des deux pays, tant sous le rapport des habitudes
sociales que sous celui de l'activité industrielle et commerciale,
l'émission de cet agent nouveau d'un crédit à peu près inconnu et
presque incompris ne passât inaperçue.

Les *lettres de gage*, qui avaient pu fonctionner utilement chez les
Allemands, dont la nature froide et l'esprit réfléchi se prêtent peu
aux entreprises et aux combinaisons hardies, trouveraient-elles place
en France, sur ce terrain mouvant des spéculations, où les valeurs
de toutes sortes se succèdent et se confondent?

Le petit nombre d'hommes sérieux qui les patronaient au début s'augmenterait-il assez pour les préserver d'être envahies sur le marché financier et, par suite, frappées d'un discrédit complet?

Ces questions que se posaient les critiques de bonne foi, et dont ceux qui ne l'étaient pas exagéraient à dessein la portée, ont été résolues en faveur du Crédit foncier; et cela devait être, parce que, si l'appât qu'offre le mouvement des valeurs mobilières peut entraîner les audacieux, qui souvent ne risquent que leur audace, les gens prudents se retiennent et s'attachent aux opérations sages et solides, qui ne compromettent pas.

On a vu comment une heureuse influence se fit d'abord sentir sur les capitaux qui vinrent, des plus honorables sources, constituer la *Banque foncière de Paris*. Cette influence devait bientôt s'étendre aux emprunteurs, car, sous ce rapport, un champ vaste était ouvert. La dette hypothécaire, qui comprend plus de 8 milliards de créances inscrites, s'effacerait-elle comme par enchantement? N'est-elle pas une nécessité, disons mieux, une ressource pour l'amélioration de la terre et le développement de l'industrie agricole? et si, malgré les entraves multipliées des formalités contractuelles, les besoins impérieux ont élevé la dette foncière à ce chiffre, doit-il s'abaisser, alors que les conditions sont devenues meilleures pour elle et que des dispositions législatives nouvelles, s'associant à l'organisation des institutions de crédit foncier pour les fortifier, ont aplani les difficultés du régime hypothécaire?

Ces difficultés, on le sait, avaient un double et fâcheux effet, et sur le prêteur, qu'elles rendaient craintif, et sur l'emprunteur, dont elles diminuaient les ressources. L'intervention du Crédit foncier rassure l'un, en donnant aux capitaux une garantie dont tous les immeubles hypothéqués sont solidaires; elle favorise l'autre, par le long terme et le mode d'amortissement de sa dette.

Enfin, la *lettre de gage* allemande devenue l'*obligation foncière* en France, réalisable à volonté, productive d'intérêts, qu'on peut recevoir partout, devient le trait d'union économique entre le capital et la propriété; elle favorise l'épargne modeste par ses coupures de 100 francs, comme elle se prête aux combinaisons des grandes entreprises.

Il faut donc le reconnaître, la *lettre de gage* (obligation foncière) est le pivot auquel tiennent les deux conditions capitales de l'organisation du Crédit foncier de France : *long terme* et *amortissement* de la dette hypothécaire. Sans l'emploi des lettres de gage, ces deux conditions n'étaient pas possibles, et sans elles la propriété foncière restait dans un état permanent d'embarras et d'inertie.

**41**. C'est après s'être fait rendre un compte sérieux de l'application exclusive de ce mode de réalisation de prêt que le Ministre disait, en 1854, dans son rapport à l'Empereur : « Par le prêt en lettres de gage, au lieu du prêt en argent, la Société s'exonère de l'obligation d'emprunter d'une main pour prêter de l'autre. Le Crédit foncier ne sera complétement fondé que le jour où l'emprunteur pourra recevoir en lettres de gage le montant intégral du prêt qui lui sera fait, et trouvera sans peine à les négocier. » L'exposé des motifs de la loi du 19 juin 1857 contient sur ce même sujet une appréciation analogue : « L'obligation foncière ou lettre de gage doit même être considérée comme le pivot de ses opérations (la Société du Crédit foncier de France). Le prêt en espèces sera toujours circonscrit dans des bornes fort étroites, et l'on peut affirmer que la caisse du Crédit foncier ne sera en plein exercice que le jour où elle fournira le montant de ses prêts *exclusivement en lettres de gage*. »

**42**. On peut considérer aujourd'hui les préventions que nous venons de relever, sinon comme entièrement détruites, au moins comme considérablement modifiées. En avançant dans l'expérimentation des prêts à long terme et de l'amortissement par annuités, on comprendra chaque jour davantage l'utilité précieuse des obligations foncières, et ce qui pourra rester de préjugés disparaîtra tout à fait.

Il en sera de même des objections basées sur l'antagonisme du notariat et la sévérité dans l'examen des titres de propriété. Les notaires deviendront pour la Société ce que sont déjà quelques-uns d'entre eux, des intermédiaires intelligents et zélés : leur clientèle s'améliorera, car l'influence des opérations du Crédit foncier de France aura pour effet de faire naître des causes de transactions entre les propriétaires.

Quant à l'examen des titres, la sévérité que l'on reproche à la Société éveillera l'attention sur l'état déplorable de confusion dans lequel se trouvent les titres de propriété, surtout dans les campagnes. Sous ce rapport, la Société aura rendu un immense service aux propriétaires ruraux, aux notaires et même aux fonctionnaires publics préposés au cadastre, à la répartition et à la perception de l'impôt foncier, qui tous, mieux éclairés sur les avantages d'une constatation régulière des titres de propriété, tiendront la main à ce qu'elle s'effectue par les moyens les plus simples et les plus prompts. (1)

______________

(1) Nous avons donné, dans le *Guide pratique de l'enregistrement*, page 241,

Ainsi, un établissement fondé sur des règles positives de prudence et d'ordre, conduit et administré dans les conditions d'une sage prévoyance, fait nécessairement tourner les idées vers l'ordre et la régularité, comme il répand autour de lui l'heureuse influence de son action.

---

le modèle d'un *registre de l'état civil des propriétés foncières*, avec les indications des diverses conditions dans lesquelles peut se trouver la propriété. Nous pensons que, si dans chaque famille un pareil registre était adopté, non-seulement il serait d'une grande ressource pour les intérêts privés, mais il fournirait aussi, dans certains cas, à l'administration municipale et financière des documents précieux qui simplifieraient considérablement les travaux.

## 2<sup>me</sup> SECTION.

### Statuts de la Société du Crédit foncier de France.

#### 31 AOUT 1859.

En exécution d'un décret du 28 mars 1852, il a été formé, sous la dénomination de *Banque foncière de Paris*, une Société anonyme au capital de 25 millions de francs, dont 10 millions furent immédiatement souscrits.

Cette Société avait le droit exclusif, dans le ressort de la Cour de Paris, et pendant vingt-cinq années à partir de l'homologation des statuts, de faire des prêts hypothécaires et d'émettre des obligations foncières ou lettres de gage, aux conditions déterminées par le décret.

Elle pouvait également, avec l'autorisation du gouvernement, appliquer tout autre système ayant pour objet de favoriser la libération des emprunteurs sur hypothèque.

Les statuts de cette Société, à laquelle les bénéficiaires du décret du 28 mars 1852 apportèrent l'autorisation à eux accordée, furent approuvés par le décret du 30 juillet suivant.

Le 10 décembre de la même année intervint un nouveau décret qui, homologuant une convention arrêtée le 18 novembre précédent, entre M. le Ministre de l'intérieur et les représentants de la Banque foncière de Paris, étendit, sous certaines conditions, le privilége de cette Société à tous les départements où il n'existait pas de Société de Crédit foncier, l'autorisa, sous le contrôle du gouvernement, à s'incorporer les Sociétés établies, et lui accorda une subvention de 10 millions de francs, qui devaient être versés proportionnellement à l'importance des prêts effectués.

Conformément à la même convention, la Société prit le nom de *Crédit foncier de France;* son fonds social fut élevé à 60 millions de francs, divisé en 120,000 actions de 500 francs chacune.

Dans les statuts, modifiés en conséquence des actes susénoncés et approuvés par décret du 22 mars 1853, il fut expliqué (art. 9) qu'en dehors des 20,000 actions déjà émises, 30,000 actions au capital de 15 millions seraient immédiatement souscrites, que 10,000 actions au capital de 5 millions pourraient encore être émises par décision du conseil d'administration, dans le courant d'une année, et le surplus, quand la Société aura atteint le chiffre de 600 millions d'affaires, de manière à ce que le chiffre des actions émises se maintint dans la proportion de 5 millions par chaque 100 millions d'obligations.

Depuis cette époque, la loi du 10 juin 1853 et le décret du 21 décembre suivant ayant rendu nécessaires de nouvelles modifications aux statuts, un projet contenant ces modifications et des dispositions additionnelles fut soumis à l'assemblée générale des actionnaires, et adopté par elle dans sa séance du 29 décembre 1853. Par la même délibération, l'assemblée conféra au conseil d'administration ou à ses délégués les pouvoirs nécessaires pour consentir toutes autres modifications sur lesquelles ils seraient tombés d'accord avec le gouvernement, pour introduire dans la rédaction de celles adoptées les changements qui seraient exigés, et pour signer les actes destinés à consacrer les modifications définitivement arrêtées.

En vertu de ce mandat, le conseil d'administration accepta, par sa délibération du 26 juin 1854, les bases du décret publié le 6 juillet suivant, qui renferme les dernières modifications apportées à l'organisation du *Crédit foncier de France*. Ce décret fut communiqué à l'assemblée générale. Dans sa séance du 5 août 1854, l'assemblée approuva l'usage que le conseil avait fait des pouvoirs à lui conférés le 29 décembre 1853, et continua au conseil ou à ses délégués les mêmes pouvoirs, à l'effet d'arrêter, de concert avec le gouvernement, les modifications aux statuts qui seraient nécessitées par l'application du décret du 6 juillet 1854. Ces modifications ont été réalisées par acte des 25 et 26 juin 1856, approuvées par décret du 28 du même mois.

Ainsi se trouve consacrée la pensée féconde si bien exprimée par M. le Ministre des finances dans le rapport qui précède ce décret, pensée qui répondait à celle de Sa Majesté, et qui a fait du Crédit foncier de France une grande institution dont *le privilége embrasse tout le territoire de l'Empire*, et lui donne une double tâche, celle de *fournir à l'agriculture les fonds dont elle a besoin pour améliorer ses cultures et augmenter ses produits, et de procurer à la propriété grevée de dettes hypothécaires un adoucissement à ses charges et un moyen de libération.*

C'est cette même pensée qui a inspiré la convention passée le 28 avril 1858 entre Leurs Excellences les Ministres des finances, de l'agriculture, du commerce et des travaux publics et la Société du Crédit foncier de France, convention dont l'objet était de charger le Crédit foncier de France des prêts à faire pour le drainage, et qui, après l'approbation de l'assemblée générale des actionnaires, fut consacrée par la loi du 28 mai 1858.

Depuis, de nouvelles modifications votées par l'assemblée générale des actionnaires ont été soumises à l'approbation du gouvernement.

Ces modifications sont relatives à l'autorisation de faire des prêts à court terme, même avec amortissement en obligations, et aux autres conditions des prêts à long terme, au mode d'emploi des capitaux que la Société est autorisée à recevoir en dépôt, et à la suppression de la disposition qui limitait à un million le maximum des prêts consentis à un même emprunteur.

Un décret du 16 août 1859 ayant approuvé ces modifications, les statuts qui doivent désormais régir ladite Société ont été arrêtés ainsi qu'il suit :

## TITRE Iᵉʳ.

*Dénomination de la Société. — Son objet. — Sa durée. — Son siége.*

Art. 1ᵉʳ. — La Société prend le nom de *Crédit foncier de France*. — Elle a pour objet : — 1º De prêter sur hypothèque aux propriétaires d'immeubles des sommes remboursables, soit à long terme par annuités, soit à court terme, avec ou sans amortissement; — De créer et de négocier des *obligations foncières* ou *lettres de gage* pour une valeur qui ne peut dépasser le montant des sommes dues par ses emprunteurs. — Elle peut appliquer, avec l'autorisation du gouvernement, tout autre système ayant pour objet de faciliter les prêts sur immeubles, l'amélioration du sol, les progrès de l'agriculture et l'extinction de la dette foncière. — La Société peut traiter avec des Compagnies d'assurances françaises ou étrangères pour favoriser la libération de l'emprunteur.

Art. 2. — La Société est autorisée à recevoir, avec ou sans intérêts, des capitaux en dépôt. — Ces capitaux pourront être employés, jusqu'à concurrence de la moitié de leur montant, et pour un terme qui n'excédera pas 90 jours, soit à faire, suivant des conditions délibérées en conseil d'administration, des avances sur les obligations émises par la Société, ou tous autres titres qui seraient reçus à la Banque de France comme garanties d'avances, soit en achats de bons du Trésor. — Le surplus sera intégralement versé au Trésor, en compte courant, au taux d'intérêt qui sera fixé par le Ministre des finances. — Les sommes que la Société pourra ainsi recevoir en dépôt ne pourront dépasser le chiffre déterminé par le Ministre.

Art. 3. — La durée de la Société est de quatre-vingt-dix-neuf ans, à partir du 30 juillet 1852. — Son siége et son domicile sont établis à Paris.

## TITRE II.

*Fonds social. — Actions. — Versements.*

Art. 4. — Le fonds social est fixé à 60 millions de francs. Il est affecté à la garantie des engagements sociaux, et spécialement des obligations foncières ou lettres de gage. — Il se divise en 120,000 actions de 500 francs chacune. — 60,000 actions sont actuellement émises. — Les 60,000 autres le seront, en tout ou en partie, sur la décision du conseil d'administration. — Le chiffre des actions émises doit être maintenu dans la proportion du vingtième au moins des obligations en circulation. — Les nouvelles actions ne peuvent être livrées au-dessous du pair.

Art. 5. — Les porteurs des actions antérieurement émises ont un droit de préférence, dans la proportion des titres par eux possédés, à la souscription au pair des actions à émettre. — Ceux d'entre eux qui n'ont pas un nombre d'actions suffisant pour en obtenir au moins une dans la nouvelle émission peuvent se réunir pour exercer leur droit. — Le conseil d'administration fixe les délais et les formes dans lesquels le bénéfice des dispositions qui précèdent peut être réclamé.

Art. 6. — Le montant des actions est payable à Paris, aux termes qui sont fixés par le conseil d'administration. — Après le versement de la moitié, il est remis au souscripteur un titre nominatif, portant un numéro d'ordre, et sur lequel les payements ultérieurs sont inscrits. — Les 50 0/0 restant à verser sur les actions émises sont appelés, en totalité ou en partie, suivant les besoins de la Société, au moyen d'annonces insérées, un mois à l'avance, dans deux des journaux de Paris désignés pour la publication légale des actes de Société.

Art. 7. — Toute somme dont le payement est retardé porte intérêt de plein droit en faveur de la Société, à raison de 5 0/0 par an, à compter du jour de l'exigibilité, sans demande en justice.

Art. 8. — A défaut de versement à l'échéance. les numéros des titres en re·tard sont publiés dans les journaux désignés sous l'article 6. Quinze jours après cette publication, la Société a droit de faire procéder à la vente des actions à la Bourse de Paris, par le ministère d'un agent de change, pour le compte et aux risques et périls du retardataire. — Cette vente peut être faite en masse ou en détail, soit un même jour, soit à des époques successives, sans mise en demeure et sans aucune formalité judiciaire. — Les titres provisoires des actions ainsi vendues deviennent nuls de plein droit, et il en est délivré aux acquéreurs de nouveaux sous les mêmes numéros. — Tout titre qui ne porte pas mention régulière des versements exigibles cesse d'être négociable. — Cette condition est mentionnée sur les titres provisoires. — Les mesures autorisées par le présent article ne font pas obstacle à l'exercice simultané, par la Société, des moyens ordinaires de droit.

Art. 9. — Le prix provenant de la vente, déduction faite des frais, appartient à la Société et s'impute, dans les termes de droit, sur ce qui lui est dû par l'actionnaire exproprié, qui reste passible de la différence, s'il y a déficit, mais qui profite de l'excédant, s'il en existe.

Art. 10. — La Société peut créer des titres d'actions libérés, nominatifs ou au porteur. — Ces titres sont extraits d'un registre à souche, numérotés et revêtus de la signature du gouverneur et de celle d'un administrateur. — Ils portent le timbre de la Société.

Art. 11. — Les titres nominatifs se négocient par un transfert rédigé en double original, dont l'un est signé par le cédant et l'autre par le cessionnaire. — Ces transferts sont remis à la Société, et mention en est faite au dos du titre par le gouverneur. — La Société peut exiger que la signature et la capacité des parties soient certifiées par un agent de change, et, dans ce cas, elle n'est pas responsable de la validité du transfert. — Les titres au porteur se transmettent par la simple tradition.

Art. 12. — Tout actionnaire peut déposer ses titres dans la caisse sociale, et réclamer en échange un récépissé nominatif. — Le conseil d'administration détermine les conditions, le mode de délivrance, les frais de récépissé et ceux d'échange des titres.

Art. 13. — Chaque action donne droit, dans la propriété de l'actif social et dans le partage des bénéfices, à une part proportionnelle au nombre des actions émises. — Les dividendes de toute action, soit nominative, soit au porteur, sont valablement payés au porteur du titre.

Art. 14. — Les actionnaires ne sont engagés que jusqu'à concurrence du capital de chaque action ; au delà, tout appel de fonds est interdit.

Art. 15. — Toute action est indivisible ; la Société ne reconnaît qu'un propriétaire pour une action.

Art. 16. — Les droits et obligations attachés à l'action suivent le titre dans quelques mains qu'il passe. — La possession d'une action emporte de plein droit adhésion aux statuts de la Société et aux décisions de l'assemblée générale.

Art. 17. — Les héritiers ou créanciers d'un actionnaire ne peuvent, sous quelque prétexte que ce soit, provoquer l'apposition des scellés sur les biens et valeurs de la Société, en demander le partage ou la licitation, ni s'immiscer en aucune manière dans son administration. Ils doivent, pour l'exercice de leurs droits, s'en rapporter aux inventaires sociaux et aux délibérations de l'assemblée générale.

# TITRE III.

## *Direction et administration de la Société.*

### SECTION I.

#### *Du gouverneur et des sous-gouverneurs.*

ART. 18. — Conformément au décret du 6 juillet 1854, la direction des affaires de la Société est exercée par un gouverneur. — Deux sous-gouverneurs remplissent les fonctions qui leur sont déléguées par le gouverneur et, dans l'ordre de leur nomination, celles du gouverneur, en cas d'absence, vacance ou maladie.

ART. 19. — Avant d'entrer en fonctions, le gouverneur doit justifier de la propriété de 200 actions du Crédit foncier de France, et chacun des sous-gouverneurs de la propriété de 100 actions. — Ces actions demeurent affectées par le privilége à la garantie de leur gestion. — Elles sont inaliénables pendant la durée de leurs fonctions.

ART. 20. — Le gouverneur reçoit de la Société un traitement annuel de 40,000 francs. Les deux sous-gouverneurs reçoivent un traitement de 20,000 fr.

ART. 21. — Le gouverneur nomme et révoque les agents, et pourvoit à l'organisation des services à Paris et dans les départements. — Il signe la correspondance, fait le recouvrement des sommes dues à la Société, signe toutes quittances avec ou sans mainlevée, l'endossement et l'acquit des effets, les mandats sur le Trésor, la Banque, la Caisse des consignations et toutes autres Caisses où se trouveraient déposés des deniers appartenant à la Société. — Il exécute toutes les délibérations énoncées en l'article 34, et signe seul les actes qui en sont la conséquence. — Il fait tous actes conservatoires, représente la Société vis-à-vis des tiers, et exerce les actions judiciaires tant en demandant qu'en défendant. — Il signe les titres d'actions et vise les obligations ou lettres de gage.

ART. 22. — Le gouverneur peut exercer par mandataires tous les pouvoirs qui lui sont délégués, pour un ou plusieurs objets déterminés.

### SECTION II.

#### *Du conseil d'administration.*

ART. 23. — Le conseil d'administration se compose du gouverneur, des sous-gouverneurs, des administrateurs et des censeurs.

ART. 24. — Les administrateurs sont au nombre de 20. — Ils sont nommés par l'assemblée générale des actionnaires; trois d'entre eux doivent être pris parmi les receveurs généraux des finances. — Ils se renouvellent par cinquième chaque année. Les membres sortants sont désignés par le sort pour les quatre premières années, et ensuite par l'ordre d'ancienneté. — Ils peuvent toujours être réélus.

ART. 25. — Les administrateurs qui font partie du conseil actuel et qui ont été nommés, les uns par les statuts primitifs et par dérogation à l'article précécédent, les autres par l'assemblée générale, conformément aux articles 24 et 26, sont :

MM.

Banés, ancien directeur de la Compagnie du chemin de fer d'Orléans;

F. Bartholony, président de la Compagnie du chemin de fer d'Orléans;

Vicomte Benoist d'Azy, ancien représentant;

Comte Xavier Branicki ;

Adolphe Dailly, maître de poste à Paris;

Darblay aîné, ancien député;

Dumas, sénateur, membre de l'Institut, ancien ministre de l'agriculture et du commerce;

Firino, ancien receveur général des Bouches-du-Rhône ;

Fontenilliat, receveur général de la Gironde, régent de la Banque de France;

Hailig, ancien président de la Chambre des notaires de Paris ;

Hély d'Oissel, ancien conseiller d'État,

Latimier de Clesieux, receveur général des Côtes-du-Nord ;

A. Magné, receveur général du Loiret;

Émile Pereire, président de la Compagnie des chemins de fer du Midi;

Baron Pérignon, ancien conseiller d'État;

De Rainneville, ancien conseiller d'État;

Prince Sapiéha ;

Thibault, ancien notaire à Paris ;

West, ancien président de la Compagnie du chemin de fer de Strasbourg à Bâle ;

Wolowski, ancien représentant, membre de l'Institut.

ART. 26. — En cas de vacance d'une place dans son sein, le conseil y pourvoit provisoirement. — L'assemblée générale, lors de sa première réunion, procède à l'élection définitive. — L'administrateur, ainsi nommé en remplacement d'un autre, ne demeure en fonctions que pendant le temps qui restait à courir de l'exercice de son prédécesseur.

ART. 27. — Le renouvellement du premier conseil ne commencera qu'à partir de la sixième année sociale. — Il s'opérera suivant le mode indiqué par l'art. 24.

ART. 28. — Chaque administrateur doit, dans la huitaine de sa nomination, déposer dans la caisse de la Société cinquante actions, qui restent inaliénables pendant la durée de ses fonctions.

Art. 29. — Les fonctions des administrateurs sont gratuites; ils reçoivent des jetons de présence dont l'assemblée générale fixe la valeur.

ART. 30. — Le gouverneur préside le conseil. — En cas de partage, sa voix est prépondérante. — Les sous-gouverneurs assistent aux séances du conseil avec voix délibérative.

ART. 31. — Le conseil d'administration se réunit au siége social aussi souvent que l'intérêt de la Société l'exige, et au moins deux fois par mois.

ART. 32. — Les noms des membres présents sont constatés en tête du procès-verbal de chaque séance. — Aucune résolution ne peut être délibérée sans le concours de neuf votants au moins. — Nul ne peut voter par procuration. — Néanmoins le conseil peut déléguer tout ou partie de ses pouvoirs à un ou plusieurs de ses membres, par un mandat spécial, pour des objets déterminés ou pour un temps limité.

ART. 33. — Les délibérations sont constatées par des procès-verbaux inscrits sur un registre tenu au siége de la Société, et signés par le gouverneur et un

administrateur. — Les copies et extraits de ces délibérations à produire en justice ou ailleurs sont certifiés par le gouverneur.

ART. 34. — Le conseil délibère sur les affaires de la Société autres que celles
réservées exclusivement au gouverneur, notamment sur tous traités, transactions, compromis, emplois de fonds, transferts de rentes sur l'État ou autres
valeurs, achats de créances et autres droits incorporels appartenant à ses débiteurs, cessions des mêmes droits avec ou sans garantie, désistements d'hypothèque, abandon de tous droits réels ou personnels, mainlevées d'oppositions
ou d'inscriptions hypothécaires sans payement, actions judiciaires tant en demandant qu'en défendant. — Il autorise l'achat, s'il y a lieu, des biens immeubles, pour y établir le siége de la Société. — Il autorise également l'acquisition par adjudication des biens immobiliers pour assurer le recouvrement des
créances de la Société.

Toutefois, si le prix d'adjudication dépasse dix mille francs en capital, la Société ne pourra s'en rendre adjudicataire pour une somme excédant de plus du
quart le montant de sa créance en principal, intérêts en retard et accessoires.
— Il autorise enfin, à l'amiable ou ou aux enchères, la vente et l'échange des
mêmes biens, pourvu qu'en cas d'échange la soulte à payer par la Compagnie
n'excède pas le quart de la valeur de l'immeuble échangé.

Le conseil délibère également sur les règlements de son régime intérieur, sur
les conditions générales des contrats, l'admission des demandes de prêt, la création, l'émission, l'achat et la vente des obligations de la Société, les avances
sur dépôt d'obligations ou lettres de gage, les emprunts à contracter avec ou
sans hypothèque, les dépenses de l'administration, les traités à faire avec les
compagnies d'assurances pour faciliter la libération des débiteurs ou tout autre
système ayant le même but dans les cas prévus par l'article 2 des présents statuts, la création ou la suppression des succursales, directions ou agences dans
les départements.

Il délibère aussi sur les comptes annuels à soumettre à l'assemblée générale,
ainsi que sur la fixation du dividende ; enfin sur les propositions à faire à cette
assemblée, relatives à l'augmentation du fonds social, aux modifications à faire
aux statuts, à la prolongation, et, s'il y a lieu, à la dissolution anticipée de la
Société. — Nulle délibération ne peut être exécutée, si elle n'est pas approuvée
par le gouverneur et revêtue de sa signature.

ART. 35. — Les membres du conseil d'administration ne contractent, à raison
de leurs fonctions, aucune obligation personnelle. Ils ne répondent que de l'exécution de leur mandat.

### SECTION III.

#### Des censeurs.

ART. 36. — Les censeurs sont au nombre de trois ; ils sont nommés par
l'assemblée générale. — Leurs fonctions durent trois années ; ils se renouvellent
par tiers ; ils sont toujours rééligibles. — Le sort désigne les membres sortant
les deux premières années. — En cas de décès ou de retraite d'un des censeurs,
il est pourvu immédiatement à son remplacement provisoire par les censeurs en
exercice. — Les dispositions des articles 27, 28 et 29 des présents statuts sont
applicables aux censeurs comme aux administrateurs.

ART. 37. — Les censeurs sont chargés de veiller à la stricte exécution des statuts. — Ils assistent aux séances du conseil avec voix consultative. — Ils surveillent la création des obligations et leur émission. — Ils examinent les inventaires et les comptes annuels et présentent à ce sujet leurs observations à l'assemblée générale lorsqu'ils le jugent à propos. — Les livres, la comptabilité et généralement toutes les écritures doivent leur être communiqués à toute réquisition. — Ils peuvent, à quelque époque que ce soit, vérifier l'état de la caisse et le portefeuille. — Ils ont le droit, quand leur décision est prise à l'unanimité, de requérir une convocation extraordinaire de l'assemblée générale.

SECTION IV.

De l'assemblée générale.

Art. 38. — L'assemblée générale, régulièrement constituée, représente l'universalité des actionnaires. — Elle se compose des deux cents plus forts actionnaires, dont la liste est arrêtée par le conseil d'administration, vingt jours avant la réunion ordinaire ou extraordinaire de l'assemblée. — Les actionnaires inscrits sur les registres de la Société, par suite du dépôt de leurs actions effectué dans la caisse sociale trois mois avant la confection de la liste, peuvent seuls y figurer. — Le récépissé, dans ce cas, est délivré gratuitement. — En cas de concours pour l'admission sur la liste entre deux actionnaires possesseurs du même nombre d'actions, la préférence est accordée au plus anciennement inscrit. — La liste des déposants et celle des membres appelés à faire partie de l'assemblée, sont tenues à la disposition de tous les actionnaires qui veulent en prendre connaissance : ces listes portent à côté du nom de chaque actionnaire le nombre des actions qu'il a déposées. — Le jour de la réunion, la seconde de ces listes est déposée sur le bureau.

Art. 39. — Nul ne peut se faire représenter à l'assemblée que par un mandataire membre de l'assemblée.

Art. 40. — L'assemblée générale se réunit de droit chaque année, au siége de la Société, dans le courant du mois d'avril. — Elle se réunit, en outre, extraordinairement, toutes les fois qu'une délibération du conseil, approuvée par le gouverneur, en reconnaît l'utilité.

Art. 41. — Les convocations sont faites quinze jours avant la réunion, par un avis inséré dans deux des journaux de Paris désignés pour la publication des actes de Société, et par des lettres adressées, à la diligence du gouverneur aux actionnaires ayant droit d'assister à l'assemblée.

Art. 42. — L'assemblée est régulièrement constituée lorsque les membres présents sont au nombre de quarante et réunissent dans leurs mains le dixième des actions émises.

Art. 43. — Si cette double condition n'est pas remplie sur une première convocation, il en sera fait une seconde, au moins à quinze jours d'intervalle. — Dans ce cas, le délai entre la convocation et le jour de la réunion est réduit à dix jours. — Les membres présents à la seconde réunion délibèrent valablement, quels que soient leur nombre et celui de leurs actions, mais seulement sur les objets à l'ordre du jour de la première.

Art. 44. — L'assemblée est présidée par le gouverneur. — Les fonctions de scrutateurs sont remplies par les deux plus forts actionnaires présents, et, sur leur refus, par ceux qui les suivent dans l'ordre de la liste, jusqu'à acceptation. — Le bureau désigne le secrétaire.

Art. 45. — Les délibérations sont prises à la majorité des voix des membres présents. — Chacun d'eux a autant de voix qu'il possède de fois quarante actions, sans que personne puisse en avoir plus de cinq en son nom per onnel, ni plus de dix tant en son propre nom que comme mandataire. — Tout membre de l'assemhlée générale a droit à une voix, lors même que le nombre de ses actions ne s'élève pas à quarante.

Art. 46. — Le gouverneur arrête l'ordre du jour après avoir pris l'avis du conseil. — Aucun autre objet que ceux à l'ordre du jour ne peut être mis en délibération.

Art. 47. — L'assemblée générale entend le rapport du gouverneur sur la situation des affaires sociales. — Elle entend également, s'il y a lieu, les observations des censeurs. — Elle nomme les administrateurs et les censeurs toutes les fois qu'il y a lieu de les remplacer. — Elle délibère, lorsque la proposition lui en est soumise, sur l'augmentation du fonds social, sur les modifications à faire aux statuts, sur la prolongation ou la dissolution anticipée de la Société, et généralement sur tous les cas qui n'auraient pas été prévus par les statuts.

Art. 48. — Les délibérations de l'assemblée, prises conformément aux statuts, obligent tous les actionnaires, même absents ou dissidents.

Art. 49. — Elles sont constatées par des procès-verbaux inscrits sur un registre spécial et signés par la majorité des membres composant le bureau. — Une feuille de présence, destinée à constater le nombre des membres assistant à l'assemblée et celui de leurs actions, demeurera annexée à la minute du procès-verbal. Elle est revêtue des mêmes signatures.

Art. 50. — La justification à faire, vis-à-vis des tiers, des délibérations de l'assemblée, résulte de copies ou extraits certifiés conformes par le gouverneur.

## TITRE IV.

### *Des conditions de prêt.*

Art. 51. — Conformément à l'article 1er des présents statuts, la Société fait des prêts hypothécaires de deux sortes : — Les uns sont remboursables à long terme, par annuités calculées de manière à amortir la dette dans un délai de dix ans au moins, de soixante ans au plus. — Les autres sont remboursables à court terme, avec ou sans amortissement. — Ces prêts peuvent être faits, soit en numéraire, soit en obligations foncières ou lettres de gage.

Art. 52. — La Société ne prête aux propriétaires d'immeubles que sur première hypothèque, excepté dans les cas prévus par les statuts, les lois et décrets existants. — Sont considérés comme faits sur première hbpothèque les prêts au moyen desquels doivent être remboursées les créances déjà inscrites, lorsque, par l'effet de ce remboursement ou de la subrogation opérée au profit de la Société, son hypothèque vient en première ligne et sans concurrence. — Dans ce cas, la Société conserve entre ses mains valeur suffisante pour opérer ce remboursement.

Art. 53. — Lorsque la Société juge qu'il y a lieu d'accomplir les formalités de purge, il y est procédé conformément à l'article 1er de la loi du 10 juin 1853.

Art. 54. — Ne sont point admis aux bénéfices des prêts faits par la Société : — 1° Les théâtres ; — 2° Les mines et carrières ; — 3° Les immeubles indivis si l'hypothèque n'est établie sur la totalité de ces immeubles, du consentement de tous les copropriétaires; — 4º Ceux dont l'usufruit et la nue propriété ne sont pas réunis, à moins du consentement de tous les ayants droit à l'établissement de l'hypothèque.

Art. 55. — La Société n'accepte pour gage que les propriétés d'un revenu durable et certain.

Art. 56. — Le montant du prêt ne peut dépasser la moitié de la valeur de l'immeuble hypothéqué. — Il est au plus du tiers de la valeur pour les vignes, les bois et autres propriétés dont le revenu provient de plantations. — Les bâtiments des usines et fabriques ne sont estimés qu'en raison de leur valeur indépendante de leur affectation industrielle.

Art. 57. — Dans aucun cas, l'annuité au service de laquelle l'emprunteur s'engage ne peut être supérieure au revenu total de la propriété.

Art. 58. — Le taux de l'intérêt des sommes prêtées est fixé par le conseil d'administration; il ne peut dépasser le taux légal.

Art. 59. — L'annuité est payable en espèces. — Elle comprend : — 1º L'intérêt; — 2º L'amortissement déterminé par le taux de l'intérêt et la durée du prêt; — 3º Une allocation annuelle pour droits de commission et frais d'administration, qui ne peut excéder 60 centimes 0/0, si ce n'est en vertu d'un décret impérial rendu en conseil d'État et sur la demande du conseil d'administration.

Art. 60. — Les annuités sont payables par semestre, aux époques déterminées par le conseil d'administration. — Au moment du prêt, la Société retient sur le capital l'intérêt et l'allocation applicable au temps à courir jusqu'à la première échéance semestrielle.

Art. 61. — Conformément à l'article 28 du décret du 28 février 1852, tout semestre non payé à l'échéance porte intérêt de plein droit et sans mise en demeure, au profit de la Société, sur le pied de 5 0/0 par an. — Il en est de même des frais de poursuite liquidés ou taxés faits par la Société, pour arriver au recouvrement de ses créances, et ce, à partir du jour où ils ont été avancés.

Art. 62. — En outre, le défaut de payement d'un semestre rend exigible la totalité de la dette, un mois après la mise en demeure.

Art. 63. — Les débiteurs ont le droit de se libérer par anticipation, en tout ou en partie. — Les remboursements anticipés sont effectués au choix des débiteurs, soit en numéraire, soit en obligations foncières ou lettres de gage appartenant à l'émission indiquée par le contrat de prêt. — Ces obligations ou lettres de gage sont reçues au pair, quel que soit leur cours. — Les remboursements anticipés donnent lieu, au profit de la Société, à une indemnité qui ne peut dépasser 3 0/0 du capital remboursé par anticipation (1). — Les fonds provenant des remboursements anticipés, effectués en numéraire, seront employés, soit à amortir ou à racheter des obligations foncières ou lettres de gage, soit à effectuer de nouveaux prêts.

Art. 64. — L'emprunteur est tenu de dénoncer à la Société, dans le délai d'un mois, les aliénations totales ou partielles qu'il peut avoir faites. — A défaut de dénonciation de ces faits dans ce délai, la Société peut exiger de lui son

---

(1) Par dérogation à cet article l'indemnité est fixée à 50 centimes pour 100 francs, soit 1/2 pour cent du capital remboursé .(Loi du 6 Juillet 1860, art. 9.)

remboursement intégral. Elle a droit, en outre, à l'indemnité déterminée par l'avant-dernier alinéa de l'article 63.

Art. 65. — L'emprunteur doit également, à charge de supporter la même indemnité en cas d'exigibilité, dénoncer dans le délai susindiqué les détériorations que l'immeuble hypothéqué peut avoir subies, et tous les faits de nature soit à en diminuer la valeur, soit à troubler sa possession, soit à porter atteinte à son droit de propriété.

A défaut de dénonciation ou, dans tous les cas, si les faits ci-dessus compromettent les intérêts de la Société, elle peut, conformément à l'article 32 du décret du 28 février 1852, exiger son remboursement.

Art. 66. — La dette devient également exigible, et l'indemnité déterminée par l'avant-dernier alinéa de l'article 63 est acquise à la Société, en cas de dissimulation par l'emprunteur des causes d'hypothèque légale, de résolution ou de rescision, qui peuvent grever de son chef les biens hypothéqués à la Société.

Art. 67. — Les propriétés susceptibles de périr par le feu doivent être assurées contre l'incendie, aux frais de l'emprunteur, à moins que la Société n'ait pour gage de sa créance, en même temps que des objets susceptibles de périr par le feu, d'autres propriétés d'une valeur double de la somme prêtée, et qui ne seraient pas susceptibles de périr par le feu. — L'acte de prêt contient transport de l'indemnité en cas de sinistre. — L'assurance doit être maintenue pendant toute la durée du prêt. — La Société peut demander que l'assurance soit faite en son nom, et le montant des charges annuelles acquitté par ses mains. — Dans ce cas, le chiffre des annuités est augmenté d'autant.

Art. 68. — En cas de sinistre, l'indemnité est touchée directement par la Société. — Dans le délai d'un an, à partir du règlement du sinistre, le débiteur a la faculté de rétablir l'immeuble dans son état primitif. — Pendant ce temps, la Société conserve l'indemnité à titre de garantie, jusqu'à concurrence de ses droits calculés à l'expiration de l'année. — Après la reconstruction de l'immeuble, elle remet l'indemnité au débiteur, déduction faite de ce qui est exigible.

Si, à l'expiration de l'année, le débiteur n'a pas usé du droit de rétablir l'immeuble incendié, et si, avant cette époque, il a notifié son intention de ne pas en user, l'indemnité est définitivement acquise à la Société et imputée sur sa créance, comme payement fait par anticipation.

Art. 69. — Les remboursements anticipés qui proviennent de sinistres ne donnent pas lieu à l'indemnité autorisée par l'avant-dernier alinéa de l'article 63. — La Société, si elle juge que par l'effet du sinistre ses sûretés sont compromises, peut exiger le payement de ce qui lui reste dû.

Art. 70. — L'estimation des biens offerts en garantie a lieu d'après les titres, baux et autres renseignements fournis par le propriétaire qui demande à contracter l'emprunt. — La Société a le droit, en outre, de faire procéder à une estimation par experts. — Dans tous les cas, l'estimation est faite sur la double base du revenu net et du prix vénal.

Art. 71. — Lorsque la propriété est reconnue régulière et la garantie suffisante, le conseil d'administration détermine le montant du prêt à faire, et il est procédé à la signature du contrat conditionnel.

Art. 72. — Après la délivrance de l'état supplémentaire d'inscription, comprenant celle de la Société, s'il n'y a pas lieu à purge légale, ou après l'accomplissement des formalités de purge, un acte constate l'annulation du contrat conditionnel ou sa réalisation définitive, suivant qu'il s'est ou non révélé une inscription ou un droit réel grevant l'immeuble hypothéqué. — Dans le premier cas, cet acte peut être signé par le gouverneur seul ; il contient mainlevée de l'inscription prise au profit de la Société. — Dans le second cas, l'acte est signé par le gouverneur et par l'emprunteur ; il énonce l'accomplissement des formalités, la remise des valeurs formant le montant du prêt et le point de départ des intérêts.

ART. 73. — Tous les frais et déboursés nécessités par la demande d'emprunt sont à la charge du propriétaire qui a formé cette demande, même dans le cas où le prêt n'a pas eu lieu.

## TITRE V.

### *Des obligations foncières ou lettres de gage.*

ART. 74. — Les obligations foncières créées par la Société sont nominatives ou au porteur.

ART. 75. — Les obligations nominatives sont transmissibles, soit par voie d'endossement, sans autre garantie que celle qui résulte de l'article 1693 du Code Napoléon, soit par tout autre mode qui sera déterminé par le conseil d'administration. — La Société est valablement libérée par le payement fait entre les mains du tiers porteur. Elle n'est en aucun cas responsable de la régularité des endossements. — Les obligations au porteur se transmettent par simple tradition.

ART. 76. — Les obligations foncières ne peuvent dépasser le montant des engagements des emprunteurs.

ART. 77. — Il ne peut être créé d'obligations foncières inférieures à 100 francs.

ART. 78. — Les porteurs des obligations foncières n'ont d'autre action pour le recouvrement des capitaux et intérêts exigibles, que celle qu'ils peuvent exercer directement contre la Société.

ART. 79. — Les obligations foncières portent un intérêt dont le taux, les époques et le mode de payement sont fixés par le conseil d'administration. — L'intervalle entre le versement des annuités par les emprunteurs et le payement des intérêts aux porteurs des obligations est au moins de trois mois. — Quelle que soit la forme des obligations, l'intérêt est valablement payé au porteur du titre.

ART. 80. — Les obligations foncières sont représentées par des titres extraits d'un registre à souche. — Ces titres sont signés par un administrateur, portant le timbre de la Société et sont visés par le gouverneur.

ART. 81. — Le conseil d'administration peut autoriser le dépôt et la conservation des titres dans la caisse sociale. — Ils sont remplacés jusqu'au retrait par un certificat de dépôt nominatif. — Le conseil d'administration détermine les conditions, le mode de délivrance, les frais de certificats et ceux d'échéance des titres.

ART. 82. — Les obligations foncières sont créées sans époque fixe d'exigibilité pour le capital. — Elles sont appelées au remboursement par voie de tirage au sort. — Chaque remboursement comprend le nombre d'obligations nécessaire pour opérer un amortissement tel que les obligations restant en circulation n'excèdent jamais les capitaux restant dus sur les prêts hypothécaires.

ART. 83. — Il peut, avec l'autorisation du gouvernement, être attribué aux

obligations des lots et des primes, payables au moment du remboursement —
Le conseil d'administration en détermine l'importance et la répartition.

Art. 84. — Le tirage des obligations qui doivent être appelées au remboursement par la voie du sort est effectué par le conseil d'administration en présence
des censeurs.

Art. 85. — Dans la huitaine de l'opération, les numéros sortis sont affichés
au siége de la Société et insérés dans deux des journaux désignés pour la publication des actes de Société.

Art. 86. — Les obligations désignées par le sort sont remboursées le jour
indiqué par la publication. — A compter de ce jour, les intérêts attachés aux
obligations remboursables cessent de plein droit.

Art. 87. — Les obligations foncières remboursées par suite du tirage au sort
sont immédiatement frappées d'un timbre d'annulation. — Elles sont détruites
en présence du gouverneur, d'un membre du conseil et de l'un des censeurs. —
Il sera dressé procès-verbal de cette opération. — Les obligations revenant à la
Société par suite des remboursements anticipés sont immédiatement frappées
d'un timbre spécial, et ne peuvent être remises en circulation qu'avec un nouveau visa du gouverneur. — Dans tous les cas, elles participent aux tirages.

## TITRE VI.

### *Inventaire et comptes annuels.*

Art. 88. — L'année sociale commence le 1er janvier et finit le 31 décembre.
— A la fin de chaque année sociale, un inventaire de l'actif et du passif est
dressé par les soins du gouverneur. — Les comptes sont arrêtés par le conseil
d'administration. — Ils sont soumis à l'assemblée générale des actionnaires, qui
les approuve ou les rejette, et fixe le dividende après avoir entendu le rapport
du gouverneur et les observations des censeurs. — Si les comptes ne sont pas
approuvés séance tenante, l'assemblée peut nommer des commissaires chargés
de les examiner et de faire un rapport à la prochaine réunion.

## TITRE VII.

### *Partage des bénéfices.*

Art. 89. — Sur les bénéfices nets réalisés, on prélève annuellement : —
1º 5 0/0 du capital versé sur les actions pour être réparti à tous les actionnaires ; — 2º Une somme qui ne peut excéder 20 0/0 du surplus, affecté au fonds
de réserve, dans la proportion déterminée par le conseil d'administration. — Ce
qui reste complète le dividende à répartir entre toutes les actions émises. — Le
payement des dividendes se fait annuellement aux époques fixées par le conseil
d'administration. Néanmoins le conseil peut autoriser, à l'expiration de chaque
semestre, la distribution provisoire de 2 francs 50 centimes pour 100 francs sur
le montant du versement fait sur chaque action.

Art. 90. — Tout dividende qui n'est pas réclamé dans les cinq ans de son
exigibilité est prescrit au bénéfice de la Société.

## TITRE VIII.

### *Fonds de réserve.*

**Art. 91.** — Le fonds de réserve se compose de l'accumulation des sommes produites par le prélèvement annuel opéré sur les bénéfices en exécution de l'article 8. — Lorsque le fonds de réserve atteint la moitié du fonds social souscrit, le prélèvement affecté à sa création cesse de lui profiter. Il reprend son cours si la réserve vient à être entamée. — Le fonds de réserve est destiné à parer aux événements imprévus. — En cas d'insuffisance des produits d'une année pour fournir un dividende de 5 0/0 par action, la différence peut être prélevée sur le fonds de réserve. — L'emploi des capitaux appartenant au fonds de réserve est réglé par le conseil d'administration.

## TITRE IX.

### *Modifications aux statuts.*

**Art. 92.** — L'assemblée générale peut, sur la proposition du gouverneur et sauf l'approbation du gouvernement, apporter aux statuts les modifications délibérées par le conseil. — Elle peut notamment autoriser : — 1º L'augmentation du capital social; — 2º L'extension des opérations de la Société ; — 3º La prolongation de sa durée. — Dans ces divers cas, les convocations doivent contenir l'indication sommaire de l'objet de la réunion. — La délibération n'est valable qu'autant qu'elle réunit les deux tiers des voix. — En vertu de cette délibération, le gouvernement est, de plein droit, autorisé à demander au gouvernement l'approbation des modifications adoptées, à consentir, d'accord avec le conseil, les changements qui seraient exigés, et à réaliser les actes qui doivent les consacrer.

## TITRE X.

### *Dissolution. — Liquidation.*

**Art. 93.** — En cas de perte de moitié du capital social souscrit, la dissolution de la Société peut être prononcée avant l'expiration du délai fixé pour sa durée, par une décision de l'assemblée générale. — Le conseil d'administration, dans le cas de perte ci-dessus prévu, est tenu de soumettre à l'assemblée générale la question de savoir s'il y a lieu de prononcer la dissolution. — Le mode de convocation et de délibération prescrit par l'article 92 pour les modifications statuts est applicable à ce cas.

**Art. 94.** — A l'expiration de la Société, ou en cas de dissolution anticipée, l'assemblée générale, sur la proposition du gouverneur, règle le mode de liquidation et nomme un ou plusieurs liquidateurs, avec pouvoir de vendre, soit aux enchères, soit à l'amiable, les biens meubles ou immeubles de la Société. — Le mode de liquidation et le choix des liquidateurs sont soumis à l'approbation du ministre des finances — L'assemblée générale est convoquée d'urgence pour régler le mode de liquidation, faire le choix des liquidateurs et déterminer leurs pouvoirs. A défaut par elle d'avoir, au jour fixé pour sa réunion, ou dans une seconde assemblée convoquée dans le cas prévu par l'article 43, statué sur ces mesures, ou si, sa délibération n'ayant pas été approuvée par M. le ministre, une nouvelle assemblée ne la modifie pas dans le sens indiqué par le gouvernement, le mode de liquidation et le choix des liquidateurs ont lieu conformément aux dispositions du règlement d'administration publique du 18 octobre 1852. — Les liquidateurs peuvent, en vertu d'une délibération de l'assemblée générale, approuvée par M. le ministre des finances, faire le transport à une autre Société des droits et engagements de la Société dissoute. — Pendant le cours de la liquidation, les pouvoirs de l'assemblée générale se continuent comme pendant l'existence de la Société.

Art. 95. — Toutes les contestations qui peuvent s'élever entre les associés sur l'exécution des présents statuts sont soumises à la juridiction des tribunaux de Paris. — Les contestations touchant l'intérêt général et collectif de la Société ne peuvent être dirigées soit contre le conseil d'administration ou l'un de ses membres, soit contre le gouverneur, qu'au nom de la masse des actionnaires et en vertu d'une délibération de l'assemblée générale. — Tout actionnaire qui veut provoquer une contestation de cette nature, doit en faire, quinze jours au moins avant la prochaine assemblée générale, l'objet d'une communication au gouverneur, qui est tenu de mettre la proposition à l'ordre du jour de cette assemblée. — Si la proposition est repoussée par l'assemblée, aucun actionnaire ne peut la reproduire en justice dans son intérêt particulier; si elle est accueillie, l'assemblée générale désigne un ou plusieurs commissaires pour suivre la contestation. — Les significations auxquelles donne lieu la procédure sont adressées uniquement aux commissaires. — Aucune signification individuelle ne peut être faite aux actionnaires.

## TITRE XI.

### *Publication.*

Art. 96. — Pour faire publier les présents statuts, tous pouvoirs sont donnés au porteur d'une expédition.

# 3ᵉ SECTION.

## Attributions, moyens, conditions et ressources de la Société. — Commentaires et annotations des Statuts.

**48.** Le travail qui va suivre a pour but de donner quelques éclaircissements sur les *moyens pratiques* que les propriétaires auront à prendre lorsqu'ils voudront contracter des emprunts avec le Crédit foncier de France.

Nous nous adressons particulièrement aux moyens et aux petits propriétaires, qui se sont faits généralement une idée très-exagérée des difficultés dont la Société entoure le prêt. Il leur a semblé, en effet, qu'elle s'était placée à des hauteurs accessibles seulement aux grands capitalistes et aux grands propriétaires, comme si, de concert avec eux, il s'agissait de faire revivre la France féodale.

Tel est l'effet des grandes choses sur l'esprit de l'homme peu préparé à les recevoir, qu'elles l'éblouissent ou l'aveuglent.

Le Crédit foncier de France est l'une des institutions qui a été le plus mal jugée par la moyenne propriété.

Elle lui reproche d'être trop *exigeant* quant au *nombre* des pièces et titres à produire, et quant au nombre de *formalités* à remplir avant l'emprunt.

Le Crédit foncier répond avec juste raison que, si elle ne se trouvait pas placée, sous le rapport des titres, dans de très-mauvaises conditions, les *formalités* seraient moins nombreuses, et partant, il paraîtrait moins exigeant.

Aujourd'hui, les esprits, quoique moins prévenus, en sont encore là, et lorsque l'on demande à un propriétaire pourquoi il n'emprunte pas au Crédit foncier, il répond, sans réfléchir : Que voulez-vous? il exige trop de titres! il y a trop de formalités à remplir!

Au fond, cette réponse, loin d'être accusatrice, est, au contraire, l'éloge le plus expressif qu'on puisse faire de la prudence et de la grandeur de vues de l'institution. Mais, quoique la cause du Crédit foncier de France soit aujourd'hui une cause gagnée en principe, il n'en est pas moins réellement vrai que les mots : *exigeant, formalités coûteuses, nombreuses pièces à fournir,* ont fini par circuler dans nos campagnes, où les jugements téméraires, les accusations injustes ont bientôt pris le caractère et l'autorité de préjugés.

Nous espérons venir à bout de les détruire, en faisant ressortir les avantages incontestables que la moyenne propriété peut retirer du système d'emprunts à long terme et remboursables par annuités, dont l'emprunteur détermine l'importance numérique suivant l'étendue du délai qu'il a pris et qui peut être d'une durée de dix ans au moins, de soixante ans au plus. (Stat., art. 51.)

**44.** L'agriculture a besoin de fonds pour améliorer ses cultures et augmenter ses produits. On a donc dû laisser à l'emprunteur une grande latitude dans le choix de la durée du prêt.

Avant de penser à améliorer, le propriétaire obéré ambitionne avant tout l'heureux moment d'acquitter ses dettes. C'est là son plus grand souci. Dans nos campagnes, on montrerait du doigt le propriétaire endetté qui aurait la témérité de contracter un emprunt pour le consacrer à une entreprise quelconque, car c'est là, plus que partout ailleurs, que l'on applique cette vérité proverbiale : *Qui paie ses dettes s'enrichit.*

L'emprunt qu'il consacre à l'extinction de dettes payables à des termes relativement très-courts est mieux vu, parce qu'il tend à substituer à un créancier rigide, intéressé, et souvent inexorable, un créancier libéral qui prend l'intérêt général pour principe de ses opérations.

Désormais, les propriétaires ruraux dont le bon sens pratique est continuellement d'accord avec la raison sauront, nous n'en doutons pas, faire un choix logique entre ces deux sortes de créanciers, l'un qui borne ses services, toujours très-chèrement payés, à dix ans au plus; l'autre qui n'y met point de bornes, pour ainsi dire, et qui ne se trouve jamais mieux rémunéré que lorsque son débiteur peut arriver sans difficultés et sans malaise au but qu'il s'est proposé d'atteindre en contractant un emprunt.

Les attributions, moyens, conditions et ressources de la Société résultant nécessairement de ses statuts, nous les examinerons successivement dans les commentaires et annotations des articles que nous allons rappeler.

Notre examen, comme il est facile de le présumer, ne portera pas sur la généralité des articles; il comprendra seulement ceux qui déterminent le caractère des opérations de la Société, et dont le sens et l'application doivent être mis à la portée de tout le monde, de manière à ce que les emprunteurs puissent tout à la fois se rendre compte des conditions qu'ils ont à observer vis-à-vis de la Société et de ce qu'ils ont, par suite, le droit d'attendre d'elle.

**45**. L'article premier des statuts détermine l'objet de la Société, qui est :

1o De prêter sur hypothèque aux propriétaires d'immeubles des sommes remboursables, soit à long termes par annuités, soit à court terme, avec ou sans amortissement;

2o De créer et de négocier des *obligations foncières* ou *lettres de gage* pour une valeur qui ne peut dépasser le montant des sommes dues par ses emprunteurs.

Elle peut appliquer, avec l'autorisation du Gouvernement, tout autre système ayant pour objet de faciliter les prêts sur immeubles, l'amélioration du sol, les progrès de l'agriculture et l'extinction de la dette foncière.

La Société peut traiter avec des Compagnies françaises ou étrangères, pour favoriser la libération de l'emprunteur.

La première partie de cet article se complète par l'article 51 ainsi conçu :

Art. 51. — Conformément à l'article 1er des statuts, la Société fait des prêts hypothécaires de deux sortes :

Les uns sont remboursables à long terme, par annuités calculées de manière à amortir la dette dans un délai de dix ans au moins et de soixante ans au plus.— Les autres sont remboursables à court terme, avec ou sans amortissement. — Ces prêts peuvent être faits, soit en numéraire, (1) soit en obligations foncières ou lettres de gage.

**46**. Ainsi, les prêts sont à long terme ou à court terme, avec ou sans amortissement; c'est-à-dire que la Société n'exclut aucune condition de contrat entre elle et les emprunteurs; ils sont complétement libres d'adopter, selon leur convenance, le remboursement fixe à courte échéance ou le remboursement successif par amortissement; elle fait encore une plus large part à cette convenance, puisque l'article 63 de ses statuts donne la faculté de se libérer par anticipation.

Les prêts à long terme sont principalement destinés à l'extinction des dettes de l'emprunteur et aux grandes entreprises, telles que : défrichement de bois et de terres incultes, desséchement de marais, reboisement de montagnes, etc.

---

(1) La Société ne réalise plus maintenant les prêts à long terme en numéraire, mais en obligations foncières. (V. no 41.)

Les prêts à court terme sans amortissement conviennent aux propriétaires dont les immeubles ne donnent pas de revenus certains et durables. Ce défaut de certitude et de durée est un obstacle au prêt à long terme avec amortissement, le revenu, dans ce cas, devant servir de base à la fixation de l'annuité. (Statuts, art. 70.)

Lorsque ces immeubles sont susceptibles, à l'échéance du prêt à court terme, de produire un revenu certain et durable, il est alors loisible à l'emprunteur de substituer à ce dernier prêt le prêt à long terme, avec amortissement. (V. Tableau B.)

Les prêts à court terme sont, quant à l'instruction de la demande, à l'appréciation du gage et aux formes du contrat, soumis aux règles des prêts notariés ordinaires.

**47**. Avant d'aborder l'examen des formalités qui précèdent et déterminent ces prêts, nous croyons devoir exposer les ressources à l'aide desquelles le Crédit foncier est assuré de les réaliser. Ce sont d'abord les *obligations foncières* ou *lettres de gage*, dont la création et l'émission sont autorisées ; ensuite, il résulte du troisième alinéa de l'article 1<sup>er</sup> de ses statuts que la Société peut étendre indéfiniment, avec l'autorisation du Gouvernement, non-seulement le cercle de ses opérations, mais ses attributions elles-mêmes, en tant qu'elles ont pour objet les intérêts et le développements de l'agriculture, l'amélioration du sol et l'extinction ou au moins l'allégement des charges foncières.

Le premier moyen prévu et déterminé par la Société comme point de départ de son action générale sur la propriété immobilière devait être et a été la création et l'émission des obligations foncières. Mais comme le bienfait de ses opérations ne devait pas seulement s'arrêter à la propriété foncière privée, mais embrasser dans son ensemble économique toutes les conditions qui tiennent au progrès agricole, elle a dû se créer des moyens en proportion de la grandeur de ses vues et de l'accroissement de ses attributions.

De là les obligations, qui sont de trois sortes :

1º Les obligations foncières ou lettres de gage ;
2º Les obligations du drainage ;
3º Les obligations communales.

**48**. Obligations foncières. — Les obligations foncières ou lettres de gage sont à la Société du Crédit foncier de France ce que les billets de banque sont aux institutions financières qui les émettent. Cependant l'obligation foncière, quoique étant une valeur de circulation et un instrument de crédit comme le billet de banque, en diffère sur

un point, elle n'est pas remboursable à vue; mais elle a de plus,
qu'elle est productive d'intérêt et qu'elle constitue un véritable gage
hypothécaire qui, détaché de la créance principale, devient une valeur distincte, offrant ainsi aux capitalistes qui l'ont reçu une garantie de l'engagement pris envers eux par la Société.

Ces obligations sont *nominatives* ou *au porteur*. (Stat., art. 10).
Nominatives, elles se transmettent par un transfert rédigé en double
original, sans que le cédant soit tenu à d'autre garantie que celle de
l'existence de la créance (C. N., art. 1693). Les transferts sont
remis à la Société et mention en est faite au dos du titre par le gouverneur. (Stat., art. 11.)

Les obligations au porteur se transmettent par la simple tradition.
Ces titres, dont la circulation est plus facile, ont néanmoins cet inconvénient, c'est qu'en cas de perte, leur revendication n'est possible
entre les mains d'un tiers, qu'autant que la dépossession serait le
résultat d'un délit. Afin de prévenir tout danger sous ce rapport, la
Société donne aux porteurs la faculté de déposer, après l'assenti-
ment du Conseil d'administration, leurs titres dans la caisse sociale
contre des certificats de dépôts nominatifs, sur lesquels on peut recevoir les intérêts, et même toucher le capital en cas de remboursement. (Statuts, art. 12.)

Les obligations foncières sont à l'intérêt de 3, 4 ou 5 0/0.

Les obligations foncières de 4 0/0 proviennent d'un emprunt de
200 millions, ouvert en 1853. Elles sont négociées à la Bourse.
Elles participent à des tirages industriels de lots dont la composition
est ainsi établie depuis 1859 :

*Tirages des 22 mars, 22 juin et 22 septembre.*

| | |
|---|---|
| Le 1er numéro sortant gagne.... | 100,000 fr. |
| Le 2e ........................ | 50,000 |
| Le 3e ........................ | 20,000 |
| Total des lots pour chacun des trois premiers trimestres... | 170,000 fr. |
| Total pour les trois trimestres........... | 510,000 fr. |

*Tirage du 22 décembre.*

| | |
|---|---|
| Le 1er numéro sortant gagne.... | 100,000 fr. |
| Le 2e ........................ | 50,000 |
| Le 3e ........................ | 40,000 |
| Le 4e ........................ | 30,000 |
| Le 5e ........................ | 20,000 |
| Le 6e ........................ | 10,000 |
| Et les huit numéros suivants, chacun 5,000 fr., ci ensemble........ | 40,000 |
| Total des lots pour le 4e trimestre 290,000 fr., ci | 290,000 fr. |
| Total des lots pour chaque année........ | 800,000 fr. |

Dans ces tirages, les titres de 1,000 francs (le Crédit foncier n'en émet plus) ont droit à la totalité du lot échu à leur numéro ; les titres de 500 francs, à la moitié, et les titres de 100 francs, au dixième. (*Voir Modèles nos 2 et 3.*)

Les obligations foncières 3 et 4 0/0 sont remboursables par voie de tirage au sort, en cinquante ans, à partir du 1er mai 1854, savoir :

Les titres 4 0/0, au pair ; les titres 3 0/0, avec une prime de 20 0/0, soit ceux de 1,000 à 1,200 francs, ceux de 500 à 600 francs, et ceux de 100 à 120 francs. Les obligations foncières à 5 0/0 ne sont pas négociables à la Bourse, mais le Crédit foncier en procure la négociation. Elles sont émises sous la forme de titres de 500 francs seulement.

La souscription aux obligations de 500 francs est permanente. Le souscripteur tient compte, au moment du versement, des intérêts courus du semestre à échoir. Elles sont remboursables au pair par voie de tirage au sort, dans le délai de 50 ans, à partir du 1er novembre 1856.

**49**. DRAINAGE. — Les Obligations de Drainage sont la conséquence de l'autorisation donnée au Crédit foncier de France de faire les prêts prévus par l'article 1er de la loi du 17 juillet 1856 sur le drainage, et de contracter, avec la garantie du Trésor, des emprunts successifs sous forme d'obligations dites *Obligations de Drainage*, qui pourront être émises même au-dessous du pair. (Convention du 28 avril 1858 ; décret du 21 septembre suivant. V. au surplus, p. 30.)

Les prêts pour travaux de drainage sont faits en numéraire, et remboursables en vingt-cinq ans. Ils sont garantis par un privilége tant sur les récoltes et revenus des terrains drainés, que sur ces terrains mêmes, dans les conditions établies par la loi (1).

**50.** OBLIGATIONS COMMUNALES. — Le Crédit foncier de France est également autorisé à prêter, avec ou sans affectation hypothécaire, et par amortissement (V. Tableau C), les sommes que les communes, les départements et les associations syndicales auraient obtenu la faculté d'emprunter. Il peut créer et négocier des Obligations en représentation de ces prêts. (Loi du 6 juillet 1860, art. 1 et 5. V. p. 33.)

De là les *Obligations communales* émises par le Crédit foncier, et provenant d'un emprunt de 75 millions, ouvert en 1860. Elles sont de deux sortes, les premières à 3 0/0, les secondes à 5 0/0.

Les Obligations communales à l'intérêt de 3 0/0 sont remboursables à 500 francs par la voie du tirage au sort pendant cinquante années, à partir du 1er novembre 1860. Les créances provenant des prêts aux départements, aux communes et aux associations syndi-

---

(1) Les demandes d'emprunt pour le drainage sont adressées au Ministre de l'agriculture, du commerce et des travaux publics. Elles énoncent : 1º la somme à emprunter, et s'il y a lieu, celle pour laquelle l'emprunteur entend concourir à la dépense ; 2º les noms et prénoms des fermiers ou colons partiaires. Il est joint à la demande un extrait de la matrice cadastrale et du plan, avec indication de la situation et de l'étendue des terrains à drainer. Le Ministre fait instruire l'affaire après l'avoir soumise à une Commission dite *Commission supérieure du drainage*. Les pièces sont ensuite adressées à la Société du Crédit foncier de France, afin qu'elle vérifie les titres de propriété et la situation hypothécaire du demandeur. Si la Société juge les garanties suffisantes, le Ministre statue, après avis de la Commission supérieure. Les fonds prêtés ne peuvent être employés qu'aux travaux du drainage. Le montant des prêts est remis à l'emprunteur par à-compte successifs proportionnellement au degré d'avancement des travaux, constaté par l'ingénieur chargé de la surveillance, et qui doit refuser à l'emprunteur le certificat pour toucher tout ou partie du prêt, si les travaux sont mal exécutés. L'entretien des travaux de drainage reste soumis au contrôle du Crédit foncier jusqu'à l'entière libération de l'emprunteur. Le département de l'agriculture, du commerce et des travaux publics supporte les frais de l'instruction administrative des demandes de prêts et de surveillance de travaux. Les frais d'expertise, ceux de l'acte de prêt, de l'inscription et de l'hypothèque supplémentaire, dans le cas où le Crédit foncier a cru devoir la requérir, le coût des mainlevées et des quittances, sont seuls à la charge de l'emprunteur, qui doit les rembourser au Crédit foncier, dans le cas où celui ci en aurait fait l'avance. (Extrait du décret du 28 septembre 1858.)

cales sont affectées par privilége au payement de ces Obligations (L. du 6 juillet 1860, art. 6). Elles sont négociées à la Bourse. Elles participent à des tirages semestriels de lots, montant à 300,000 francs par an, et répartis de la manière suivante :

### *Tirage du 22 mars.*

| | |
|---|---:|
| Le 1ᵉʳ numéro sortant gagne un lot de.......... | 100,000 fr. |
| Les 2ᵉ, 3ᵉ, 4ᵉ et 5ᵉ, un lot de chacun 10,000 francs, soit ensemble............................ | 40,000 |
| Les dix numéros suivants, un lot de 1,000 francs chacun, soit ensemble...................... | 10,000 |
| Total pour le semestre............ | 150,000 fr. |

### *Tirage du 22 mars.*

| | |
|---|---:|
| Somme égale et même répartition.............. | 150,000 fr. |
| Total par année.................. | 300,000 fr. |

Dans ces tirages, chaque Obligation a droit à la totalité du lot échu à son numéro.

(De même que les premiers titres émis provenant de l'emprunt de 200 millions, les Obligations communales sont subdivisées en coupures de 100 francs (1), qui participent au bénéfice des tirages des lots, dans la proportion d'un cinquième de l'obligation à laquelle leur numéro les rattache. (V. modèles nᵒˢ 4 et 5.)

Les Obligations communales 5 0/0 ne sont pas, en ce moment, négociables à la Bourse ; mais la Société en procure la négociation. Elles sont émises sous la forme de titres de 500 francs, remboursables au pair, par voie de tirage au sort, en cinquante années, à partir du 1ᵉʳ novembre 1861.

**51.** Les Obligations du Crédit foncier, de quelque catégorie qu'elles soient, à quelque service qu'elles se rattachent, offrent, comme placement et ressource de crédit, des avantages particuliers. — Comme

---

(1) On entend par *coupure* la division d'une obligation en fractions déterminées rappelant chacune le numéro du titre divisé, indépendamment du numéro d'ordre qui lui est propre. Ainsi il y a des demi-obligations, des dixièmes et des cinquièmes d'obligations, c'est-à-dire des coupures de 500 francs et de 100 francs, suivant que les titres divisés sont de 1,000 francs ou de 500 francs.

les intérêts des titres de rente sur l'Etat, les intérêts des Obligations du Crédit foncier, payables à Paris, au siége de la Société, le sont aussi en province, chez les receveurs généraux et particuliers des finances, les 1er mai et 1er novembre, par semestres ; il n'y a d'exception que pour les coupons de 100 francs, dont les intérêts sont payables annuellement, le 1er novembre pour les coupures d'obligations communales et d'obligations foncières.

Le payement des intérêts se constate par le détachement des coupons. — Les coupons sont des petits bulletins estampillés et portant le numéro du titre dont on les détache à chaque échéance.

Au lieu d'être, comme le billet de banque, une valeur improductive en portefeuille, l'obligation acquiert chaque jour une plus-value.

Elle est négociable comme la rente et les valeurs mobilières. Elle est exempte de l'impôt établi par la loi du 23 juin 1857 sur les valeurs mobilières.

Elle est remboursable au pair, c'est-à-dire pour son chiffre d'émission, par la voie du tirage au sort, et le payement en est effectué, sans aucun retard, chez les receveurs des finances dans les départements, comme au siége de la Société, à Paris.

En résumé, les obligations foncières du Crédit foncier présentent aux capitalistes des avantages qu'ils ne sauraient guère rencontrer par la voie des placements ordinaires : capital réalisable à leur gré, intérêt régulièrement servis, chances de gains considérables, sûreté parfaite du gage hypothécaire.

Art. 2. — La Société est autorisée à recevoir, avec ou sans intérêts, des capitaux en dépôt. — Ces capitaux pourront être employés jusqu'à concurrence de la moitié de leur montant, et pour un terme qui n'excédera pas 90 jours, soit à faire, suivant des conditions délibérées en conseil d'administration, des avances sur les obligations émises par la Société, ou tous autres titres qui seraient reçus à la Banque de France comme garanties d'avances, soit en achats de bons du Trésor. — Le surplus sera intégralement versé au Trésor, en compte courant, au taux d'intérêt qui sera fixé par le Ministre des Finances. — Les sommes que la Société pourra ainsi recevoir en dépôt ne pourront dépasser le chiffre déterminé par le Ministre.

**52.** Les dispositions de cet article ont, ainsi qu'on va le voir, considérablement ajouté à l'importance du Crédit foncier de France. En effet, la Société trouve des ressources certaines dans les dépôts qu'elle est autorisée à recevoir. Ces dépôts peuvent être effectués, soit en numéraire, soit en coupons ou arrérages de rentes sur l'Etat, d'actions et d'obligations de chemins de fer, ou de toutes autres valeurs négociées à la Bourse et payables à Paris. La Société délivre, au choix des déposants, des *Bons* de caisse à ordre, ou un *Carnet* de compte courant. Les titulaires des comptes courants disposent des sommes dont ils sont créditeurs, soit par des *Chèques* ou reçus payables au porteur, soit par des *Bons de virement* en faveur des autres titulaires. La Société ne pouvait, dans le principe, employer les capitaux qui lui étaient déposés que jusqu'à concurrence du cinquième de leur montant, à faire des avances seulement sur dépôt d'obligations foncières ; mais en raison du grand développement qu'a pris le service des dépôts en comptes courants, la Société a obtenu la faculté d'élever l'emploi de ces fonds ou valeurs jusqu'à concurrence de la moitié de leur montant, et de l'appliquer aux avances à faire sur dépôts de toutes autres valeurs quelconques. On peut juger de l'importance de cette partie des ressources du Crédit foncier de France par les résultats obtenus pendant l'année 1860 : le chiffre des dépôts effectués s'est élevé à 97,902,884 francs, et celui des avances à 62,656,778 francs.

Art. 3. — La durée de la Société est de quatre-vingt-dix-neuf ans, à partir du 30 juillet 1852.

Son siége et son domicile sont établis à Paris.

**53.** Tous les actes consentis par le Crédit foncier de France, dans quelque partie du territoire qu'ils soient réalisables ou réalisés, sont attributifs pour la Société du domicile indiqué dans ses statuts.

Les receveurs généraux et les receveurs particuliers des finances, qui sont ses représentants dans les départements, ne sont que des intermédiaires qui facilitent et accélèrent les opérations, mais qui n'ont pas qualité pour recevoir aucune notification ou signification judiciaire. Les mandataires spéciaux même, qui agissent au nom du Crédit foncier de France, ne déplacent pas le domicile de la Société pour l'affaire qui fait l'objet de leur mandat.

Ainsi, tout emprunteur qui, ayant contracté dans un département avec le Crédit foncier de France stipulant par un mandataire spécial, ne pourrait, en cas de contestation, assigner la Société dans le ressort où se serait passé le contrat ; l'instance devrait être introduite devant le Tribunal civil de la Seine.

Art. 52. — La Société ne prête aux propriétaires d'immeubles que sur première hypothèque, excepté dans les cas prévus par les statuts, les lois et décrets existants.

Sont considérés comme faits sur première hypothèque les prêts au moyen desquels doivent être remboursées les créances déjà inscrites, lorsque, par l'effet de ce remboursement ou de la subrogation opérée au profit de la Société, son hypothèque vient en première ligne et sans concurrence.

Dans ce cas, la Société conserve entre ses mains une valeur suffisante pour opérer ce recouvrement.

**54.** La loi du 10 juin 1853, article 3, dispose que : si l'immeuble est grevé d'inscriptions pour hypothèques consenties à raison de garantie d'éviction ou de rentes viagères, le prêt peut avoir lieu, pourvu que le montant de ce prêt, réuni aux capitaux inscrits, n'excède pas la moitié ou le tiers, selon les cas, de la valeur de cet immeuble.

**55. Première hypothèque.**—En principe, la condition de première hypothèque est une garantie de la stabilité de la Société, dont l'action comme crédit a un double effet : sur les emprunteurs, qu'elle doit accueillir favorablement, et sur les capitalistes, dont les fonds constituent les obligations foncières. Sans faire fléchir le principe, la loi du 10 juin a sagement écarté un obstacle à l'application du deuxième paragraphe de l'article 52. Ces dispositions n'ont pas besoin de commentaires.

**56. Subrogation.**— On voit, d'après les termes de ce même paragraphe, que les emprunts peuvent être affectés au remboursement des créances ayant déjà hypothèque. La Société se charge elle-même d'opérer ce remboursement, à la condition que l'emprunteur la subroge au lieu et place de ses créanciers, de manière à ce que sa propre créance, par l'effet de cette subrogation, vienne en première ligne et sans concurrence avec d'autres.

Il faut, pour que cette subrogation soit valable, que l'acte d'emprunt et la quittance soient passés devant notaires ; que dans l'acte d'emprunt, il soit déclaré que la somme a été empruntée pour faire le payement, et que, dans la quittance, il soit énoncé que le payement a été fait des deniers fournis à cet effet par le nouveau créancier (la Société). Cette subrogation s'opère sans le concours de la volonté du créancier (art. 1250, n° 2 du Cod. Nap.). La Société se réserve d'apprécier si elle doit prêter au moyen de la subrogation.

La Société ne conserve entre ses mains, sur le montant du prêt, que la valeur suffisante pour opérer le remboursement. Elle fait compte à l'emprunteur de la différence entre cette valeur et le montant du prêt.

La Société peut toujours user contre l'emprunteur des priviléges et des voies d'exécution qui lui sont attribués par le décret du 28 février 1852, même pour le recouvrement des sommes qu'il rembourse à un créancier inscrit afin d'être subrogé à son hypothèque. (L. du 10 juin 1854, art. 4.)

**57. Enregistrement.**—Lorsque l'ancien créancier intervient dans le contrat d'emprunt pour donner quittance, il est dû : 1° un droit proportionnel de 1 0/0 sur le montant de l'emprunt, et 2° un droit de 50 centimes 0/0 sur le montant de la dette dont l'emprunteur se trouve libéré vis-à-vis de son ancien créancier.

Le premier droit est un droit d'obligation.

Le second est un droit de libération.

Cette perception résulte d'une délibération de l'administration de l'enregistrement, en date du 23 mars 1855.

Cependant, il est juste de dire que la perception de ce dernier droit n'est pas admise par les tribunaux, qui n'ont vu dans ce contrat qu'un simple changement de créancier, ou la novation prévue par l'article 1271, n° 3, du Code Napoléon.

Nous croyons devoir nous borner à ces citations.

Mais il est incontestable que ces deux droits sont exigibles lorsque c'est le débiteur lui-même qui, par acte séparé, désintéresse son créancier avec les fonds provenant de son emprunt.

Dans ce cas, ce débiteur, devenu débiteur de la Société en vertu du contrat conditionnel, est tenu de justifier à cette dernière, lors de la réalisation du prêt, par l'acte définitif, de la mainlevée des inscriptions consenties par ses créanciers.

Art. 53. — Lorsque la Société juge qu'il y a lieu d'accomplir les formalités de la purge, il y est procédé, conformément à l'article 1er de la loi du 10 juin 1853. (V. *infrà* cette loi.)

**58.** *Purge.* — En principe, le prêteur a le droit de requérir la purge des hypothèques légales qui ne sont pas inscrites. Lorsque cette formalité est requise, elle entraîne de grands frais, qui sont nécessairement un obstacle à l'emprunt.

Il nous semble que, pour diminuer l'importance de ces frais, le mari qui voudrait emprunter à la Société devrait, avant le contrat conditionnel, faire inscrire l'hypothèque légale de la femme et donner mainlevée de l'inscription avant la signature du contrat définitif. Les frais d'inscription et de mainlevée seraient bien moins considérables que les frais de purge.

En définitive, on ne saurait reprocher à la Société d'exiger des formalités qu'on aurait pu éviter en se conformant aux prescriptions de la loi, assez précises pour être facilement observées.

L'article 2136 du Code Napoléon porte que le *mari* et le *tuteur* sont tenus de rendre publiques les hypothèques dont leurs biens sont grevés, et, à cet effet, de requérir *eux-mêmes, sans aucun délai*, inscription aux bureaux à ce établis, sur les immeubles à eux appartenant et sur ceux qui pourront leur appartenir par la suite, etc.

L'article 2138 ajoute qu'à défaut par *eux* et le *subrogé-tuteur* de faire faire ces inscriptions, elles seront requises par le procureur impérial près le tribunal de première instance du domicile des maris et tuteurs, ou du lieu de la situation des biens.

L'article 2139 porte que les *parents*, soit du mari, soit de la femme, et les parents du mineur, ou, à défaut de parents, *les amis*, pourront requérir lesdites inscriptions, qui pourront être requises aussi par la femme et par les mineurs.

Les prescriptions de ces articles sont bien rarement suivies. On attend, pour prendre inscription, la séparation de biens ou la mort. C'est au moment de régler des comptes que les intéressés prennent leurs mesures. Les droits de la femme, que le législateur s'applique tant à conserver, sont méconnus, et si le défaut d'inscription en *temps utile* a de graves inconvénients pour ses intérêts privés, il en a de bien plus graves encore au point de vue de son crédit et de celui du mari. Ce défaut entraîne la nécessité de la purge. Les frais de la purge font reculer l'emprunt, et l'association conjugale, qui était destinée à prendre, plus que tout autre individu, une large part au Crédit, s'en ferme à elle-même la porte. Le célibataire emprunte plus facilement et moins cher. La famille est ainsi sacrifiée, impuissante à se libérer, impuissante à poursuivre ses projets d'amélioration, elle languit et succombe sous le découragement.

Telles sont les conséquences de la non-exécution des prescriptions de la loi. Si on les observe, au contraire, la famille et la propriété s'en trouvent récompensées, et les frais que demande l'exécution régulière et opportune de ces formalités ne sont rien en comparaison de ceux qu'entraîne inévitablement leur inexécution.


**59.** Avant la loi du 10 juin 1853, la purge était indispensable ; elle est maintenant facultative.

La Société, selon les circonstances, peut donc, sans accorder une dispense entière de la purge, dispenser de la purge des hypothèques légales *inconnues*, qui seule entraîne la *publicité* par suite de l'insertion dans un journal.

Si la situation de l'emprunteur permet de ne purger que les hypothèques légales *connues*, les formalités se bornent à une simple signification, soit à la femme ou à ses héritiers, soit au subrogé-tuteur des mineurs, *sans aucune publicité*. C'est ce qui a lieu la plupart du temps, lorsque l'emprunteur a lui-même rempli régulièrement les formalités de purge sur sa propre acquisition. Il importe donc qu'il *joigne* à ses titres de propriétés les pièces de cette purge.

Aux termes de l'article 9 du décret du 28 février 1852, lorsque l'hypothèque légale est inscrite, le prêt ne peut être réalisé qu'après la mainlevée donnée, soit par la femme non mariée sous le régime dotal, soit par le subrogé-tuteur du mineur ou de l'interdit, en vertu d'une délibération du conseil de famille.

(Voir les articles 2181 à 2192, sur le mode de purger les propriétés des priviléges et hypothèques.)

(Voir articles 2193 à 2195, sur le mode de purger les hypothèques quand il n'existe pas d'inscription sur les biens des maris et des tuteurs.)

Les hypothèques qui existent, indépendamment de toute inscription, sur les registres du conservateur des hypothèques, sont énumérées sous les articles 2135 à 2145 du même Code.

L'exécution de la formalité de la purge exigeant des connaissances spéciales de la part de ceux qui la requièrent, il importe que les notaires seuls soient chargés des soins à donner à son accomplissement.

Art. 54. — Ne sont point admis aux bénéfices des prêts faits par la Société :

1° Les théâtres;

2° Les mines et carrières;

3° Les immeubles indivis, si l'hypothèque n'est établie sur la totalité de ces immeubles du consentement de tous les copropriétaires;

4° Ceux dont l'usufruit et la nue propriété ne sont pas réunis, à moins du consentement de tous les ayants droit à l'établissement de l'hypothèque.

**60.** NATURE DES BIENS. — Le Crédit foncier n'admet au prêt que les immeubles qui sont dans le commerce.

Ne sont pas dans le commerce : 1° les biens affectés à un service public, tels que les ponts, les routes, les forts, les canaux, les édifices publics, etc.; 2° ceux affectés à un majorat, c'est-à-dire la *substitution* à perpétuité dans la descendance masculine de l'institué, et par ordre de primogéniture, d'une propriété immobilière affectée

d'un titre noble héréditaire ; 3º ceux grevés de *substitution ;* la substitution s'entend ici de la clause par laquelle des donateurs ou testateurs imposent à celui qu'ils gratifient la *charge de conserver* jusqu'à
son décès la chose donnée, pour être transmise alors à une ou plusieurs personnes qui se trouvent ainsi gratifiées en second ordre ;
celui qui reçoit à charge de restitution se nomme *grevé ;* celui à qui
il doit rendre se dit *appelé* ou *substitué ;* 4º les biens dotaux, c'est-
à-dire les biens constitués à la femme mariée sous le régime dotal ;
il faut, pour que ces immeubles aient le caractère d'inaliénabilité
qui les met hors du commerce, que la femme se les soit constitués
en dot ou qu'ils lui aient été donnés dans son contrat ; la simple déclaration de mariée sous le régime dotal ne suffirait pas ; les biens
seraient alors paraphernaux et susceptibles d'être hypothéqués par
la femme avec l'autorisation du mari ou de justice (C. Nap., 1541
et 1574). Les exceptions portées par l'article 1558 ne sont que limi-
tatives : tirer le mari de prison ; établissement des enfants (1555,
1556) ; faire de grosses réparations à l'immeuble dotal, sont des cas
particuliers modifiant le principe d'inaliénabilité, mais ne faisant pas
passer les immeubles dotaux dans le commerce. A ce point de vue,
le régime dotal est un obstacle à l'amélioration de la propriété ; nos
mœurs s'en éloignent de plus en plus, et bientôt sans doute la législation sanctionnera ce que prépare l'influence des mœurs.

Quoique n'étant pas hors du commerce, les immeubles compris
sous les deux premiers alinéas de l'article 54 ne sont cependant
point admis aux bénéfices du prêt par des raisons qui se conçoivent :

1º Ils ne donnent point des revenus *durables* et *certains.* Or l'annuité, d'après l'article 57 ci-après, est basée sur un *revenu* qui réunit
ces conditions ;

2º La valeur vénale est non-seulement difficile à déterminer, mais
encore sujette, beaucoup plus que les autres bâtiments des villes et
les propriétés rurales, aux éventualités qui produisent de temps à
autre, sur nos marchés financiers, la dépréciation des valeurs mobilières dont ces immeubles ressentent les contre-coups.

Or, d'après l'article 56, le *montant* du prêt est basé sur cette
*valeur.*

Les immeubles compris sous les articles 3 et 4 ne sont pas non
plus admis aux bénéfices des prêts.


**61. Immeubles indivis.**—Le cohéritier qui hypothéquerait à
la garantie d'un emprunt la totalité ou une partie des immeubles

indivis provenant de succession, pourrait donner lieu, tôt ou tard, contre lui à des recours de la part de ses cohéritiers.

Le Crédit foncier ne saurait jamais accepter une pareille garantie, car si, d'un côté, il tient à faire un bon placement sur un gage solide, il tient, d'un autre côté, à ce que personne ne vienne concurremment avec lui, pendant la durée du prêt, contester sur la valeur et l'étendue du gage conféré par son débiteur.

Mais dès l'instant que tous les cohéritiers consentent l'hypothèque, rien ne s'oppose plus au prêt.

On voit donc que les biens *indivis* sont un obstacle au crédit privé et paralysent l'essor du crédit public, et que c'est avec raison que l'article 815 du Code Napoléon porte : « *Nul ne peut être contraint à demeurer dans l'indivision.* »

Ce que nous disons des cohéritiers s'applique en tous points aux copropriétaires en général qui ont un titre *commun* de propriété et sont demeurés dans l'indivision.

**62. Usufruit et nue propriété.**—L'usufruit et la nue-propriété sont deux propriétés bien distinctes susceptibles d'hypothèque (art. 2118 du Cod. Nap.).

L'usufruit se réunit tôt ou tard à la nue propriété. Mais, tant que cette réuion n'a pas lieu, la Société ne pourrait accepter pour gage l'une ou l'autre de ces propriétés. En effet, supposons qu'elle pût accepter la nue propriété, quel sera le *revenu* qui servira de base à la fixation de l'annuité? Quelle en sera la *valeur* vénale servant de base à la fixation du montant du prêt?

Personne n'ignore que le *nu propriétaire* ne perçoit aucun *revenu*, et que la *valeur* de la nue propriété, censée retirée du *commerce* (art. 2118 du Cod. Nap.), est à peu près nulle, tant que dure l'usufruit.

Il faut donc, pour que le prêt ait lieu, que l'hypothèque soit consentie par l'usufruitier et par le nu propriétaire.

Art. 55. La Société n'accepte pour gage que la propriété d'un revenu *durable* et *certain*.

**63.** Nous avons déjà dit que la fixation de l'annuité et du montant du prêt reposait, l'une, sur le *revenu*; l'autre, sur la *valeur* de la propriété.

Le *revenu* doit *durer* autant que le *prêt*, et pendant tout ce temps il doit être *certain*; par conséquent, le débiteur ne pourrait, sans manquer à ses engagements, l'atténuer volontairement en modifiant inconsidérément sa culture ou en laissant dépérir le fonds hypothéqué.

L'atténuation et le dépérissement ne s'opposent point à la *durée* d'un revenu quelconque, il est vrai, mais s'opposent à celle d'un revenu *certain*, qui sert de base dans le contrat d'emprunt.

Or, il faut, comme condition essentielle du prêt, que cette *certitude du revenu* ait au *moins* une durée correspondante au nombre des annuités.

Nous croyons devoir placer ici l'article 64 comme corrélatif de l'article 55, en ce sens que les faits qui y sont prévus diminueraient le revenu de l'immeuble engagé.

**Art. 64.** — L'emprunteur est tenu de dénoncer à la Société, dans le délai d'un mois, les aliénations totales ou partielles qu'il peut avoir faites.

A défaut de dénonciation de ces faits, dans ce délai, la Société peut exiger de lui son remboursement intégral. Elle a droit, en outre, à l'indemnité déterminée par l'avant-dernier alinéa de l'article 63.

**64.** Il semble assez difficile qu'un emprunteur puisse faire une aliénation totale de l'immeuble engagé sans que la Société du Crédit foncier en soit instruite, puisque les formalités à remplir ne permettraient pas de la lui laisser ignorer ; mais une aliénation partielle peut avoir lieu, et quoique, pas plus que l'aliénation totale, elle ne pût affecter la validité des engagements pris avec la Société, elle diminuerait pourtant le revenu, qui n'aurait plus ainsi la *certitude* reconnue lors de la réalisation du prêt ; et comme, en fixant l'annuité d'amortissement à payer (art. 57), la Société a eu sagement en vue de la régler en proportion du revenu, afin que l'emprunteur y trouvât toujours une ressource suffisante, la situation réciproque de l'emprunteur et de la Société se trouverait altérée par une aliénation partielle, si elle pouvait rester longtemps inconnue du Crédit foncier.

La propriété immobilière est le gage du capital mobilier. Il importe donc que la Société puisse surveiller son gage, en quelque main qu'il se trouve placé.

Le débiteur qui négligerait de lui dénoncer les aliénations partielles ou totales qu'il a pu en consentir romprait complétement le lien qui l'unit à elle, aux termes des statuts et du contrat d'emprunt. On ne trouvera donc pas rigoureux qu'elle fasse au débiteur une loi expresse de lui représenter le gage sous toutes les *mutations* dont il peut devenir l'objet ; car, pour elle, l'inconnu ne saurait jamais s'interposer un seul instant, pendant toute la durée du prêt, entre la créance et le gage. Du reste, on concevra parfaitement que cette manière d'être constante entre les deux éléments constitutif de l'emprunt ne saurait se présenter à l'état d'une pure fiction, si l'on veut bien supposer que, des poursuites contre le débiteur étant devenues indispensables, elles ne pourraient. aboutir sans la connaissance de la date des titres d'aliénation et des noms des tiers détenteurs du gage hypothéqué à la Société.

Donc la négligence du débiteur à dénoncer les aliénations est de sa part une rupture réelle de son contrat d'emprunt, et la Société ne peut se montrer à son égard que justement rigoureuse en exigeant d'abord le remboursement de sa créance, et en lui réclamant ensuite une indemnité. Cette indemnité subira naturellement la même réduction que pour le cas de payement par anticipation, car, quoique forcé, le remboursement intégral que la Société a le droit d'exiger n'en est pas moins une libération anticipée, c'est-à-dire en dehors des stipulations primitives du contrat.

Art. 56. — Le montant du prêt ne peut dépasser la *moitié* de la *valeur* de l'immeuble hypothéqué.

Il est, au plus, du tiers de la valeur pour les vignes, les bois et autres propriétés dont le revenu provient de plantations.

Les bâtiments des usines et fabriques ne sont estimés qu'en raison de leur valeur indépendante de leur affectation industrielle.

**65.** Moitié de la valeur de l'immeuble hypothéqué, telle est la disposition générale suivie pour les bâtiments, terres labourables et prés.

Ces immeubles sont d'une location plus facile et d'un placement plus avantageux que ceux dont les revenus proviennent de plantations. Aussi, ces derniers, moins favorisés sous le rapport du crédit, sont compris dans la disposition exceptionnelle.

Supposons deux emprunteurs ayant une fortune égale, l'un en terres labourables et prés, l'autre en vignes et bois, s'élevant à 90,000 francs.

Le premier pourra emprunter 45,000 francs; le second ne pourra en emprunter que 30,000.

La différence entre ces deux prêts sera de 16,000 francs.

Quel est le plus riche de ces deux propriétaires? Evidemment, c'est celui qui aura le plus de *crédit*.

En thèse générale, c'est la *qualité* de la chose offerte en garantie au *capital* qui sert de fondement au crédit. Or, en matière de propriété foncière, le fonds qui possède cette qualité est celui qui *produit le plus*, c'est-à-dire qui donne un revenu *durable* et *certain* au plus *haut* degré.

Ce n'est donc pas la valeur vénale d'un bien qui prouvera sa qualité, ce sera son revenu. Voilà pourquoi le premier propriétaire ci-dessus fait un emprunt plus avantageux que le second, quoique, sous le rapport de cette valeur, ils soient également riches.

**66.** En ce qui concerne les bâtiments des usines et fabriques (moulins à eau, fonderies, fabriques de tissus, etc.), c'est la valeur intrinsèque, la valeur de la matière qui est prise pour base de la quotité du prêt. On ne tient aucun compte de leur valeur industrielle, parce qu'elle est, comme celle des théâtres, des mines et des carrières soumise aux influences qui déprécient ou relèvent brusquement le cours des valeurs mobilières, telles que les changements de gouvernement, les chomages, l'élévation de salaires, les risques d'incendie, etc.

Art. 57. — Dans aucun cas, l'annuité au service de laquelle l'emprunteur s'engage ne peut être supérieure au revenu total de la propriété.

**67.** Cette disposition est fort sage. Le créancier ne veut point que l'annuité soit pour le débiteur la cause de nouveaux emprunts faits en dehors de lui. En effet, comment ferait ce dernier si chaque année le montant de son annuité étant *supérieur* à son revenu total, il se trouvait dans la nécessité d'emprunter pour parfaire la somme qui lui manque? Comment ferait-il pour vivre, en supposant qu'il ait hypothéqué tous ses biens à la Société?

Par cette disposition, la Société, contrairement aux créanciers ordinaires, montre une grande sollicitude pour les intérêts de son débiteur, qu'elle invite à la modération dans sa dépense, et à une intelligente économie.

Art. 58. — Le taux de l'intérêt des sommes prêtées est fixé par le Conseil d'administration; il ne peut dépasser le taux légal (5 0/0).

**68.** Aux termes de la loi du 3 septembre 1807, l'intérêt légal résultant des prêts est de 5 0/0.

Le Crédit foncier ressemble, sous le rapport de l'intérêt, au prêteur ordinaire qui ne cherche uniquement qu'à tirer un profit raisonnable de son argent. En prêtant ses capitaux, il n'entend faire ni une opération de commerce, ni une opération de banque, et encore moins une opération usuraire. D'une main, il reçoit les capitaux, et de l'autre, il les livre. Son opération, si l'on considère les faibles droits de commission qu'elle comporte, tiendrait plutôt à la bienfai.sance qu'à la spéculation, si la bienfaisance pouvait faire règle principale en matière d'administration de capitaux collectifs. Il y a bienfait néanmoins, mais ce bienfait est la conséquence toute naturelle de l'ordonnance économique de l'institution et de la sage combinaison de ses moyens et de ses ressources. C'est à cette prudence et à cet ordre maintenant bien reconnus qu'il faut attribuer la préférence qui porte les capitalistes et les emprunteurs à contracter avec la Société.

Art. 59. L'annuité est payable en espèces.
Elle comprend :
1º L'intérêt;
2º L'amortissement déterminé par le taux de l'intérêt et la durée du prêt;
3º Une allocation annuelle pour droit de commission et frais d'administration, qui ne peut excéder 60 centimes 0/0 (1), si ce n'est en vertu d'un décret impérial rendu en Conseil d'Etat et sur la demande du Conseil d'administration.

**69.** On entend par *annuité* la somme payée *annuellement* par l'emprunteur à titre de remboursement.

· Avec le système des annuités, on *amortit*, on éteint chaque année une partie de la dette principale et de ses accessoires. L'*amortissement* est donc l'action de rembourser tout ou partie d'un capital emprunté.

Les 60 centimes par 100 francs de capital perçus pour droit de commission et frais d'administration sont bien loin d'être exagérés, si l'on songe aux frais énormes qu'engendre le service aussi vaste que compliqué de l'institution du Crédit foncier.

Le travail, les soins, la surveillance, sont les *mêmes* pour les faibles comme pour les forts emprunts. Les faibles emprunts paient donc moins cher que les forts les avantages qui résultent de ce tarif. La petite propriété est, dès lors, particulièrement intéressée à contracter avec la Société, qui a été fondée, comme toutes les choses vraiment grandes et utiles, en vue de l'intérêt du plus grand nombre. Cette Société est sa sauvegarde. Elle lui garantit des jours prospères

---

(1) Elle n'est que de 45 centimes pour les prêts aux communes, aux associations syndicales, aux départements. (L. du 6 juillet 1860.)

et la préserve de ces chocs terribles qui, en l'ébranlant, renversaient tout autour d'elle.

Art. 60. — Les annuités sont payables par semestre, aux époques déterminées par le Conseil d'administration.

Au moment du prêt, la Société retient sur le capital l'intérêt et l'allocation applicables au temps à courir jusqu'à la première échéance semestrielle.

**70**. Le premier payement a lieu le 31 janvier, et le second le 31 juillet, après l'acte de réalisation de prêt.

Le jour de cette réalisation, le caissier ou le représentant de la Société retient sur le montant de la somme prêtée une somme représentative des intérêts et frais d'administration depuis le jour où les fonds ont été mis à la disposition de l'emprunteur jusqu'au 31 janvier ou 31 juillet, époque à laquelle commence le cours des annuités.

On fait connaître à l'emprunteur le jour de la remise des fonds au moyen d'un avertissement qui lui est adressé par lettre *chargée*, s'il n'est fixé par l'acte conditionnel.

Art. 61. — Conformément à l'article 38 du décret du 28 février 1852, tout semestre non payé porte intérêt de plein droit et sans mise en demeure au profit de la Société, sur le prix de 5 0/0 par an.

Il en est de même des frais de poursuite liquidés ou taxés faits par la Société pour arriver au payement de ses créances, et ce, à partir du jour où ils ont été avancés.

**71**. Aux termes de l'article 586 du Code Napoléon, les intérêts d'une somme d'argent sont des fruits civils qui courent jour par jour.

L'action financière et administrative du Crédit foncier ne doit souffrir d'aucune entrave vis-à-vis des capitalistes qui lui ont versé leurs fonds. Les frais d'administration sont permanents comme les intérêts. Les uns et les autres courent jour par jour. Or, comment ce mécanisme pourrait-il fonctionner dans de pareilles conditions de permanence, qui sont, du reste, essentielles, vitales, si cette action était paralysée par la faute de l'emprunteur? Il n'est donc que trop juste que la Société exige le service des intérêts d'une somme qui reste forcément, à titre de nouveau prêt, d'avance nouvelle, entre les mains de l'emprunteur. La Société se maintient ainsi en équilibre continuel entre le capitaliste, qui perçoit les intérêts, et l'emprunteur qui les paie.

Dès que les frais de poursuite constituent une *avance*, les intérêts en deviennent également exigibles.

L'article 61 ci-dessus est donc d'une haute importance. Par lui, le capitaliste se trouve toujours rempli de sa créance, et la Société ne cesse pas un seul instant de fonctionner, car de quel côté qu'on la considère, elle se meut continuellement entre l'*avance* et l'*intérêt*.

Le payement des intérêts jour par jour, tel qu'il résulte de l'interprétation des articles 1904 à 1907 du Code Napoléon est une mesure essentiellement morale. Elle est la condition vitale de l'homme à l'état social, et à plus forte raison, d'une *Société* particulière qui sert d'intermédiaire entre l'homme qui *prête* et celui qui emprunte, entre l'homme qui réclame *assistance* et celui qui peut *assister*.

Art. 62. — En outre, le défaut de payement d'un semestre rend exigible la totalité de la dette, un mois après la mise en demeure.

**72.** La Société doit nécessairement rentrer dans son *avance*. Aussitôt que cette avance devient remboursable, elle fait partie intégrante des fonds disponibles, de la *Caisse sociale*. En un mot, si elle n'y rentre pas au jour fixé, l'équilibre dont nous parlions tout à l'heure s'en trouve instantanément rompu, et il importe, pour le rétablir, que la Société use envers son débiteur de voies rigoureuses. Elle le somme d'avoir à payer. Cette sommation n'est que le prélude des frais de poursuite en expropriation. Mais, avant d'en arriver là, il était sage et conforme d'ailleurs aux lois de l'humanité qu'un mois de délai fût accordé au débiteur.

Art. 63. — Les débiteurs ont le droit de se libérer par anticipation, en tout ou en partie.

Les remboursements anticipés sont effectués au choix des débiteurs, soit en numéraire, soit en obligations foncières ou lettres de gage appartenant à l'émission indiquée par le contrat de prêt.

Ces obligations ou lettres de gage sont reçues au pair, quel que soit leurs cours.

Les remboursements anticipés donnent lieu, au profit de la Société, à une indemnité qui ne peut dépasser 3 0/0 du capital remboursé par anticipation (1).

Les fonds provenant des remboursements anticipés effectués en numéraire, seront employés, soit à amortir ou à racheter des obligations foncières ou lettres de gage, soit à effectuer de nouveaux prêts.

**73.** Le premier alinéa de cet article doit être pris en grande considération. Avec un créancier tel que le Crédit foncier, créancier large

---

(1) Cette indemnité n'est maintenant que de 50 centimes pour 100 francs, soit 1/2 0/0 du capital remboursé. (L. du 6 juillet 1860, art. 9.)

et libéral, le débiteur trouve certaines facilités. Par exemple, s'il lui survient inopinément des fonds, il est admis à se libérer en tout ou en partie.

Quel est le capitaliste qui, dans nos campagnes, traiterait si largement son débiteur? Il n'en est pas un seul, et nous sommes malheureusement arrivés au temps où les hommes ne se soutiennent entre eux qu'au moyen du prestige qu'exercent certaines créations ingénieuses dans le monde des affaires, telles que le Crédit foncier.

Les remboursements anticipés donnent, il est vrai, lieu à une indemnité au profit de la Société. Mais qui dit *indemnité* ne dit pas *profit*. En remboursant par anticipation, le débiteur gêne le créancier, qui est forcé d'attendre l'occasion d'un nouveau placement et de garder ses fonds en caisse. L'*indemnité* fixée tient lieu, dès lors, de la perte des intérêts, qui courent jusqu'au nouveau prêt ou jusqu'à l'époque du rachat des obligations foncières.

**74.** *Objection.* — On dira : Il faut que la Société soit bien sûre d'elle-même pour admettre ces sortes de payements. Pour trop vouloir avantager les débiteurs, elle pourrait tôt ou tard, si les remboursements anticipés devenaient très-nombreux, courir le danger de détourner d'elle les capitalistes. En effet, l'argent du capitaliste ne se porte que dans les places où il est demandé. L'affluence du numéraire provoquerait l'éloignement des nouveaux capitalistes et rendrait pour eux la Société sans utilité. Bien plus, la Société ne saurait avoir de la durée, si elle ne faisait pas de manière que l'*offre* (le capital) correspondît sans cesse à la *demande* (l'emprunt).

Deux réponses à cette objection, qui n'est que spécieuse.

Premièrement : tant que la propriété immobilière ne sera pas complétement dégrevée des dettes qui l'écrasent, nous voulons parler de celles qui proviennent des emprunts ordinaires, ce danger ne sera pas à redouter, car les remboursements anticipés seront effectués plutôt par les débiteurs qui ont emprunté pour *améliorer*, que par les débiteurs qui n'ont emprunté que pour se *libérer*. Ces derniers forment encore le plus grand nombre.

Secondement : admettons que les remboursements de ceux qui ont emprunté pour *améliorer* deviennent très-nombreux en dehors des prévisions de la Société. Le danger prévu par l'objection ne se réalisera pas. En effet, tous les éléments de la prospérité se développent les uns lentement, les autres rapidement, selon les mobiles de l'individu ou de l'association d'individus. L'intérêt est le seul et unique mobile. Ici il agit pour répondre aux besoins de la matière,

6

là aux spéculations de l'intelligence. L'intérêt revêt mille formes appropriées à ces deux constitutions de l'homme. Aujourd'hui l'un marche devant l'autre, demain celui-ci sera en arrière. La concurrence les stimule. Dans ce mouvement continuel, les besoins naissants succèdent aux besoins satisfaits.

Or, au point de vue du sujet qui nous occupe, qui peut douter que le débiteur qui aura effectué un remboursement anticipé ne sera pas assailli par un besoin nouveau et ne viendra pas solliciter une seconde, une troisième fois le crédit de la Société?

Donc, les payements par anticipation de cette catégorie de débiteurs, loin de porter atteinte à l'institution, ne contribueront qu'à consacrer l'utilité de la mesure et à en assurer la durée. Elle sera utile et durable tant que le sol sera considéré, tel qu'il l'est aujourd'hui, comme l'unique source et la source inépuisable de toute prospérité.

Art. 65.—L'emprunteur doit également, à charge de supporter la même indemnité en cas d'exigibilité, dénoncer, dans le délai sus-indiqué, les détériorations que l'immeuble peut avoir subies, et tous les faits de nature, soit à en diminuer la valeur, soit à troubler sa possession, soit à porter atteinte à ses droits de propriété.

A défaut de dénonciation, ou, dans tous les cas, si les faits ci-dessus compromettent les intérêts de la Société, elle peut, conformément à l'article 32 du décret du 28 février 1852, exiger son remboursement.

**75.** Les réflexions que nous avons faites page 75, au sujet de l'article 64, s'appliquent aussi au présent article.

Lorsque le contrat d'emprunt a lieu, le gage est accepté par la Société dans les *conditions* où il se trouve. Si, pendant la durée du prêt, une cause quelconque vient modifier ces *conditions* et diminuer les sûretés de la Société, elle doit être immédiatement signalée. Si ce signalement n'a pas lieu, cette dernière, se trouvant lésée, réclame, selon les cas, ou une indemnité seulement, ou exige à la fois l'indemnité et le remboursement intégral.

En admettant même que les causes qui ôtent de la valeur au gage hypothéqué ne soient pas le fait personnel du débiteur, la Société n'en doit pas moins être informée, afin qu'elle puisse réclamer en temps utile une compensation au préjudice causé, telle qu'un supplément d'hypothèque, par exemple.

Il faut de toute nécessité que la proportion établie par l'article 56 des statuts entre le montant du prêt et la valeur de l'immeuble hypothéqué subsiste sans interruption pendant toute la durée du prêt. Exemple : Si un débiteur a hypothéqué un pré valant 10,000 francs, et que la moitié de ce pré soit envahie par les eaux, il est évident que la somme empruntée (5,000 francs) se trouvera supérieure à la moitié de la valeur du gage endommagé, de toute l'importance du chiffre de dépréciation causée par l'envahissement des eaux.

Art. 66. — La dette devient également exigible, et l'indemnité déterminée par l'avant-dernier alinéa de l'article 63 est acquise à la Société, en cas de dissimulation par l'emprunteur des causes d'hypothèque légale, de résolution ou de rescision, qui peuvent grever de son chef les biens hypothéqués à la Société.

**76.** L'emprunteur est obligé de déclarer dans l'acte conditionnel de prêt si les immeubles qu'il offre en gage à la Société ne sont pas soumis à nne hypothèque légale, ou sujets à résolution ou à rescision.

1° Les cas d'hypothèques légales sont prévus par les articles 2117, 2121, 2122, 2135 à 2145 du Code Napoléon.

2° Les cas de résolution sont prévus par les articles 1108, 1123, 1128, 1131, 1172, 1181, 1183, 1304, 1590, 1592, 1594, 1599, 1617, 1618, 1636, 1644 et 1654 du Code Napoléon. (Voir, pour l'extinction de la clause résolutoire, l'article 7 de la loi du 23 mars 1855, sur la transcription hypothécaire.)

3° Les cas de rescision sont prévus par les articles 1674 à 1685.

On sent combien ces nombreux cas, qui peuvent devenir autant d'écueils, doivent armer d'une grande prudence la Société avant qu'elle ne livre ses fonds.

S'il arrive qu'un emprunteur de mauvaise foi dissimule l'une des causes spécifiées ci-dessus, la créance de la Société peut courir de sérieux dangers. Il suffit donc que l'effet de cette cause ait paralysé un seul instant l'action de la Société pour autoriser cette dernière à exiger le remboursement de la dette et une indemnité légitime.

C'est encore ici le lieu de dire qu'entre la *créance* et le *gage*, il ne saurait y avoir d'autre manière d'*être* que celle qui résulte du contrat et des conditions générales imposées par les statuts.

Art. 67. — Les propriétés susceptibles de périr par le feu doivent être assurées contre l'incendie, aux frais de l'emprunteur, à moins que la Société n'ait pour gage de sa créance, en même temps que des objets susceptibles de périr par le feu, d'autres propriétés d'une valeur double de la somme prêtée, et qui ne seraient pas susceptibles de périr par le feu.

L'acte de prêt contient transport de l'indemnité en cas de sinistre.

L'assurance doit être maintenue pendant toute la durée du prêt.

La Société peut demander que l'assurance soit faite en son nom et le montant des charges annuelles acquitté par ses soins.

Dans ce cas, le chiffre des annuités est augmenté d'autant.

**77.** Le contrat d'assurance est mentionné dans l'acte conditionnel de prêt. Ce contrat doit, aux termes des articles 23 de la loi du 22 frimaire an VII, et 13 de la loi du 16 juin 1824, être enregistré avant ou en même temps que l'acte public dans lequel il en est fait *usage,* et auquel il demeure annexé.

Outre le transport que l'emprunteur est tenu de faire de l'indemnité qui serait accordée en cas de sinistre, il est aussi tenu de maintenir l'assurance ou d'en laisser le maintien aux soins de la Société, pendant toute la *durée* du prêt.

La créance doit se trouver continuellement en face d'un gage d'une valeur égale au montant de son estimation *lors* du contrat, afin que le premier alinéa de l'article 56 des statuts ne soit pas une lettre morte : « *Le montant du prêt ne peut dépasser la* MOITIÉ *de la valeur de l'immeuble hypothéqué.* » (Bâtiments, terres labourables et prés.) Or, dans le cas de sinistre, le gage étant remplacé par l'indemnité payée par la Compagnie d'assurances en représentation de son chiffre d'estimation, il n'en résulte jamais aucune dérogation à cet article.

Il n'est dû aucun droit proportionnel d'enregistrement sur le transport de l'indemnité ; qui n'a lieu qu'à titre de *garantie.*

Lorsque la Compagnie intervient dans l'acte conditionnel pour *accepter* le transport, il est dû un droit fixe de 2 francs pour acceptation, aux termes de l'article 43, n° 1, de la loi du 28 avril 1816.

A défaut d'intervention, le contrat conditionnel est signifié à la Compagnie par acte extrajudiciaire, aux termes de l'article 1690 du Code Napoléon.

Pour économiser les frais de ce dernier acte, l'emprunteur fera en sorte de faire intervenir la Compagnie.

Art. 68. — En cas de sinistre, l'indemnité est touchée directement par la Société.

Dans le délai d'un an, à partir du règlement du sinistre, le débiteur a la faculté de rétablir l'immeuble dans son état primitif.

Pendant ce temps, la Société conserve l'indemnité à titre de garantie jusqu'à concurrence de ses droits, calculés à l'expiration de l'année.

Après la reconstruction de l'immeuble, elle remet l'indemnité au débiteur, déduction faite de ce qui est exigible.

Si, à l'expiration de l'année, le débiteur n'a pas usé du droit de rétablir l'immeuble incendié, et si, avant cette époque, il a notifié son intention de ne pas en user, l'indemnité est définitivement acquise à la Société, et imputée sur sa créance, comme payement fait par anticipation.

**78.** L'acceptation du transport de l'indemnité constitue la Compagnie d'assurances débitrice directe envers la Société du montant de cette indemnité.

Nous retrouvons, à chaque pas que nous faisons dans cette intéressante étude, le même principe tutélaire qui fait la base du Crédit foncier. Ainsi, au cas présent, l'indemnité tient lieu entre ses mains du gage lui-même, parce que la créance se trouve continuellement face à face avec le gage ou une valeur *équivalente* au gage.

Art. 69.—Les remboursements anticipés qui proviennent de sinistres ne donnent pas lieu à l'indemnité autorisée par l'avant-dernier alinéa de l'article 63.

La Société, si elle juge que par l'effet du sinistre ses sûretés sont compromises, peut exiger le payement de ce qui lui reste dû.

**79.** Dans le cas où l'indemnité, retenue par la Société à titre de garantie et imputée, s'il y a lieu, sur sa créance comme payement fait par anticipation, est inférieure au montant de cette créance, l'emprunteur est évidemment tenu au remboursement de la différence.

Les emprunteurs ne sauraient jamais trop prendre en grande considération, comme étant des avertissements très-salutaires, les articles des statuts qui accordent à la Société certaines facultés souveraines dans des cas donnés.

Elle a la faculté de *juger* si ses sûretés sont compromises par l'effet dn sinistre, et le *droit* d'exiger, au cas où elles le seraient, le remboursement intégral de sa créance.

L'emprunteur doit donc étendre sur le gage qu'il a donné en garantie une surveillance continuelle, comme le fait un bon père de famille, et organiser son crédit et ses ressources selon les probabilités de ses divers besoins : payement de l'annuité, remboursement de la créance, etc.

Un des effets moraux produits par l'action du Crédit foncier et du Crédit agricole aura été d'introduire dans la famille, sous le toit domestique, les principes d'ordre et d'économie.

Art. 70. — L'estimation des biens offerts en garantie a lieu d'après les titres, baux et autres renseignements fournis par le propriétaire qui demande à contracter l'emprunt

La Société a le droit, en outre, de faire procéder à une estimation par experts.

, Dans tous les cas, l'estimation est faite sous la double base du revenu net et du prix vénal.

**80.** Supposons que le bien soumis à l'hypothèque de la Société ne soit pas loué, et que l'emprunteur, ne sachant pas en déterminer le revenu annuel, indique une évaluation inexacte dans la déclaration qu'il est tenu de faire.

**Revenu.**— L'expert de la Société prend, pour terme de comparaison, dans la commune de la situation des biens, une propriété louée par acte enregistré et moyennant un prix payable en argent. En admettant que le revenu imposable de cette propriété soit contenu *cinq* fois dans le prix du bail, l'expert en concluera que, pour avoir le revenu locatif du bien offert en garantie, il faudra multiplier par 5 son revenu imposable. Il est vrai que nous supposons aussi ces deux biens à peu près de même nature et de même qualité.

Si l'expert ne trouve pas dans la commune de propriété louée, il évalue le revenu du bien à expertiser comme s'il était chargé de le louer lui-même, et il se livre alors, en s'appuyant sur les mercuriales et sur des renseignements dignes de foi, à l'opération de l'expertise dont nous avons tracé le plan sous le n° 453 du *Guide pratique de l'Enregistrement*.

**81. Valeur vénale.**—Le revenu de la propriété affermée prise pour terme de comparaison étant connu, l'expert recherche quelle en est la valeur vénale, à moins qu'il ne la trouve dans des titres non suspects de dissimulation. Il la compare à des fonds *voisins de même nature*, ainsi que le prescrit, en matière d'enregistrement, l'article 17 de la loi du 22 frimaire an VII, sans que cependant il soit expressément tenu de suivre à la lettre la prescription de cet article.

Supposons cette valeur trouvée.

En rapprochant le chiffre de son revenu de celui de sa valeur vénale, l'expert établira le taux du placement des capitaux en immeubles. Si le revenu est de 1,500 francs, et la valeur vénale de 60,000 francs, le taux du placement sera de 2 francs 50 0/0, ou le quarantième de cette valeur;

En rapprochant le chiffre du revenu imposable du chiffre de la valeur vénale, il établira le rapport qui existe entre eux, c'est-à-dire combien de fois le premier est contenu dans le second;

En rapprochant le chiffre de l'impôt du chiffre de la valeur vénale, il établira également combien de fois celui-là est contenu dans celui-ci.

Or, s'il applique les résultats de ces divers modes d'évaluation en revenu et en valeur vénale aux *immeubles qu'il est chargé de vérifier*, il facilitera beaucoup le contrôle tant de la *déclaration* exigée de l'emprunteur que celui des évaluations énoncées dans les titres produits qui sont plus ou moins dignes de foi,

Art. 71. — Lorsque la propriété est reconnue régulière et la garantie suffisante, le Conseil d'administration détermine le montant du prêt à faire, et il est procédé à la signature du contrat conditionnel.

**82. Propriété régulière.** — La propriété est reconnue régulière lorsqu'il résulte de tous les titres et documents produits à l'appui de la demande que l'emprunteur a *seul le droit*, au *moment* du contrat, d'*aliéner* et d'*hypothéquer* l'immeuble offert en garantie. En un mot, lorsqu'il n'est *plus possible à un tiers de s'interposer* avec la prétention de faire valoir un droit quelconque, entre la Société *créancière* et l'emprunteur *débiteur*.

**Garantie suffisante.** — La garantie est suffisante lorsque l'hypothèque de la Société vient en première ligne, lorsque la valeur du gage est le double ou le triple du montant du prêt, selon les cas (statuts, art. 56); enfin, lorsque l'emprunteur a souscrit aux conditions particulières et générales qui lui sont imposées.

**Contrat conditionnel.** — La loi a dû exiger qu'il fût passé un acte conditionnel de prêt basé sur les conditions fondamentales de validité, c'est-à-dire la capacité personnelle de l'emprunteur, la réalité de l'immeuble offert en gage, sa nature et le chiffre déterminé du prêt, afin que pendant le temps nécessaire aux formalités hypothécaires et de purge, s'il y a lieu, les parties soient liées, quoique la réalisation du contrat définitif reste subordonnée à l'accomplissement de ces formalités.

Le contrat conditionnel n'est soumis qu'à un droit fixe de 2 francs. Ce n'est que sur le contrat définitif qu'est perçu le droit proportionnel.

Art. 72. — Après la délivrance de l'état supplémentaire d'inscription, comprenant celle de la Société, s'il n'y a pas lieu à purge légale, ou après l'accomplissement des formalités de purge, un acte constate l'annulation du contrat conditionnel ou la réalisation définitive, suivant qu'il s'est ou non révélé une inscription ou un droit réel grevant l'immeuble hypothéqué.

Dans le premier cas, cet acte peut être signé par le gouverneur seul; il contient mainlevée de l'inscription prise au profit de la Société.

Dans le second cas, cet acte peut être signé par le gouverneur et par l'emprunteur ; il énonce l'accomplissement des formalités, la remise des valeurs formant le montant du prêt et le point de départ des intérêts.

**83.** De ce que nous avons dit, il résulte que l'emprunteur est obligé de faire dans l'acte conditionnel une déclaration sur la situation hypothécaire des immeubles offerts en garantie. (V. formule II.) Aussitôt que ce contrat est signé, il est pris une inscription au profit de la Société. Ce n'est qu'au moment du contrat définitif que celle-ci s'assure, au moyen de la délivrance d'un certificat d'inscription, s'il est survenu ou non, dans l'intervalle des deux contrats, des hypothèques légales *primant* celle de la Société, et notamment, si l'emprunteur a dissimulé une ou plusieurs des causes d'hypothèques légales énumérées sous les articles du Code Napoléon 2121 et suivants.

**84. Acte définitif.**—Il énonce sommairement les formalités de purge et d'hypothèques qui établissent qu'il n'est survenu aucune inscription primant celle du Crédit foncier, excepté toutefois celles prises en garantie de créances qui doivent être remboursées par l'effet du prêt, ou celles pour garantie d'éviction ou de rente viagère. Si parmi ces créances, quelques-unes ne sont pas exigibles, la réalisation du prêt n'en a pas moins lieu, et l'acte définitif fait mention des valeurs que la Société garde en caisse pour faire face aux exigibilités.

C'est à ce moment-là que devient plus délicat le rôle du notaire, toujours désigné, ainsi que nous l'avons dit, par l'emprunteur, et qui, par cette raison, doit encore plus se préoccuper des intérêts de la Société et veiller, en conséquence, à l'accomplissement des dernières formalités ; nous voulons parler des mainlevées à donner par des créanciers ; s'il y en a de subrogés à l'hypothèque légale de la femme, exiger, indépendamment de la mainlevée du créancier subrogé, également celle de la femme, et dans les cas douteux, demander la production des radiations avant de remettre les fonds. Si au jour fixé pour la réalisation du prêt, quelques-uns des créanciers inscrits, dûment convoqués dans l'étude du notaire, ne s'y rendent pas ou ne fournissent pas de pièces régulières, l'acte définitif n'en est pas moins clos, les créanciers présents et en règle sont payés, et le montant des créances restant à payer, en y comprenant les intérêts conservés par l'inscription et les autres accessoires par évaluation, sera conservé par la Société à la disposition des créanciers qui n'auraient pas donné leur signature.

Dans tous les cas, soit pour le payement aux créanciers, soit pour les mainlevées, le notaire s'assurera de la qualité et de la capacité de ceux qui reçoivent les fonds, comme de ceux qui donnent mainlevée.

Ainsi que nous l'avons vu précédemment (Stat., art. 60), la Société retient sur le capital l'intérêt et l'allocation applicables au temps à courir jusqu'à la première échéance semestrielle.

Art. 73. — Tous les frais et déboursés nécessités par la demande d'emprunt sont à la charge du propriétaire qui a formé cette demande, même dans le cas où le prêt n'a pas eu lieu.

**85**. Nous avons eu occasion de démontrer (V. *Guide pratique*, n⁰ˢ 198 à 202) que les *frais* étaient un obstacle à la transcription des donations, tandis qu'ils ne le sont pas à la transcription des adjudications et des ventes d'immeubles à l'amiable. On sait que les frais et les *charges* en général sont un obstacle à ce que les propriétaires se munissent de tous leurs titres de propriété. Nous avons sufisamment établi que la réduction des tarifs d'un côté, la propagation de l'instruction de l'autre, sont les bases fondamentales du système qui organisant la multiplicité et la variété des transactions, assure tout à la fois la fortune privée et la fortune publique.

L'Etat, dont les ressources sont constamment en raison directe de la fortune privée, a donc un grand intérêt à poser les fondements d'un pareil système et à les consolider.

Poser des bases *seulement*, ce ne serait reconnaître qu'un principe. Or, nous ne sommes plus aux temps des théories et des discussions vaines. Il faut appliquer les principes en remuant la matière ; il faut remplacer les choses hypothétiques par des choses réelles, et substituer aux vieilles et étroites pratiques de l'égoïsme les généreux calculs qu'inspirent la *solidarité*.

Tels sont les procédés du Crédit foncier de France. Les formalités préalables et nécessaires auxquelles il soumet l'emprunt sont la conséquence logique de son organisation. Les difficultés que présente parfois leur accomplissement tiennent moins à la rigueur de ses prescriptions qu'au désordre dans lequel sont depuis longtemps les titres de la propriété foncière.

**86**. Du reste, pour se rendre un compte à peu près exact des frais qui peuvent être considérés comme les accessoires de la dette contractée envers la Société, et les distinguer de l'ancien ordre de choses, il faut se placer dans l'hypothèse suivante :

M. B... et M. C... sont tous les deux mariés sous le régime de la communauté réduite aux acquêts. M^me B... et M^me C... ont apporté l'une et l'autre 5,000 francs en dot.

Au moment de contracter chacun un emprunt de 10,000 francs, M. B... et M. C... possèdent 20,000 francs en immeubles susceptibles de produire un revenu durable et certain. Ces immeubles, composés de vingt parcelles, leur proviennent de vingt contrats : ventes, échanges, donations.

M. B... est nanti de tous ses titres de propriété ; les contenances portées dans ces titres figurent à son article sur la matrice cadastrale ; il a l'expédition de son contrat de mariage, l'extrait matriciel de ses biens, la cote des contributions foncières qu'il paie, et enfin, tous les documents qui se réfèrent à sa propriété.

M. C... n'a ni titres, ni documents. Pour se les procurer, il emploie 200 francs. Il empruntera donc plus cher que M. B..., qui n'aura qu'à payer les frais résultant du contrat d'emprunt lui-même.

Ces frais comprennent ceux relatifs à l'estimation du gage, et, si le prêt est autorisé, les frais de purge, ceux des actes relatifs à la réalisation du prêt et les frais d'inscription.

**87.** Le notaire rédacteur de l'acte définitif doit s'assurer vis-à-vis de l'emprunteur d'une somme suffisante pour acquitter les frais de toute nature qui résultent de l'opération, et ceux des formalités qu'il pourrait y avoir nécessité de remplir, telles que : inscription, purge légale, s'il y a lieu, la Société ne devant être exposée à aucun recours.

**88.** L'article 49 du décret du 28 février 1852 énonçant les divers cas auxquels il devait être pourvu par un règlement d'administration publique, disposait, paragraphe 3, qu'il serait établi un tarif particulier des honoraires dus aux officiers publics appelés à concourir aux divers actes auxquels pourraient donner lieu les opérations du Crédit foncier. Ce règlement d'administration publique, fait le 18 octobre, a été abrogé dans la plus grande partie de ses dispositions par le décret du 6 juillet 1854. (V. ce décret, *infrà*.)

Par suite de la concentration administrative du Crédit foncier, l'établissement des tarifs n'a plus semblé nécessaire, la Société jugeant plus convenable de laisser dans une entière indépendance les rapports entre les notaires et les emprunteurs.

# 4ᵉ SECTION.

## Instructions sommaires.

---

**89**. DEMANDES DE PRÊTS.—Elles doivent être conformes aux modèles imprimés fournis par l'Administration du Crédit foncier, et être signées par l'emprunteur ou par son mandataire spécial ; elles doivent contenir l'engagement de payer les frais que pourrait nécessiter l'estimation des propriétés. L'emprunteur consigne la somme nécessaire pour faire face à ces frais.

Les demandes sont adressées, soit à M. le Gouverneur du Crédit foncier, soit à MM. les Receveurs généraux et particuliers des finances, qui sont, dans les départements, les représentants officiels de la Société.

La demande indique le notaire avec qui la Société devra correspondre pour l'instruction de l'affaire. (**V.** *modèle n*º 1.)

**90**. PERSONNE DE L'EMPRUNTEUR, ÉTAT CIVIL.—L'état civil constitue le mode légal d'existence de chacun dans la famille et dans la société. Il se fonde sur trois grands événements : la naissance, le mariage et la mort.

L'état civil d'une personne résulte, par conséquent, de sa situation, soit comme majeur ou mineur, soit comme célibataire, veuf ou marié, soit comme tuteur ou curateur.

La Société doit user de plus ou moins de précautions, suivant les conditions que présente l'état civil de l'emprunteur.

S'il est marié, il répond sur ses biens personnels de la mauvaise administration des biens dè sa femme ;

S'il est veuf, il est comptable de la dot de sa femme envers les héritiers de cette dernière ;

S'il est tuteur, il répond également sur ses biens de sa mauvaise gestion des biens de ses pupilles.

Même en dehors de son état civil, il peut être dans une position sociale qui engage sa responsabilité. Ainsi, s'il est comptable de deniers publics, il est responsable envers l'Etat de la perte ou des détournements de fonds dont il est le dépositaire.

Dans ces divers cas, la valeur de l'immeuble pouvant être diminuée, la Société stipule dans l'acte conditionnel de prêt des conditions plus ou moins rigoureuses, en vue des dangers auxquels sa créance serait exposée.

L'examen préalable d'une demande de prêt porte donc :

1º Sur la CAPACITÉ de la personne de l'emprunteur et son état civil ;

2º Sur les IMMEUBLES qu'il offre en garantie ;

3º Sur son DROIT DE PROPRIÉTÉ ;

4º Sur sa SITUATION HYPOTHÉCAIRE.

**91.** CAPACITÉ. — L'emprunteur doit avoir capacité pour contracter et conférer hypothèque.

Pour avoir capacité suffisante pour contracter et conférer hypothèque, il faut être majeur, c'est-à-dire avoir 21 ans accomplis et ne pas se trouver compris au nombre des personnes dont la loi détermine l'incapacité, soit absolue ou relative, soit temporaire ou continue.

Ainsi, après les mineurs, les personnes qui ne peuvent valablement emprunter et conférer hypothèque, ou qui ne peuvent le faire que sous certaines conditions, sont :

Les interdits civilement ; — Les interdits par suite de condamnations criminelles ; — Les personnes placées sous l'assistance d'un conseil judiciaire ; — Les femmes mariées ; — Les faillis ; — Les héritiers présomptifs d'un absent ; — Les gérants, directeurs ou administrateurs d'une Société civile ou commerciale ; — Les communes, les établissements publics. — Les tuteurs, les mandataires, les parties saisies, les magistrats, les médecins, les ministres du culte, sont, dans certaines circonstances, sous le coup d'une incapacité relative qui rendrait irrégulière dans leurs mains la possession d'un immeuble que la Société ne saurait alors accepter pour gage d'un emprunt.

Nous ne croyons pas devoir nous livrer à l'examen des divers cas d'interprétation que peuvent présenter les incapacités, il suffit de les signaler pour que les emprunteurs jugent chacun de la condition dans laquelle il se trouve placé à cet égard, et règle en conséquence sa démarche auprès du Crédit foncier. La première condition pour un emprunteur est de se présenter franchement, sans chercher à dissimuler sa position, dont, en définitive, les embarras et l'irrégularité ne sauraient longtemps échapper à l'investigation prudente de la Société.

**92.** ÉTAT CIVIL. — L'emprunteur doit fournir une déclaration de son état civil, c'est sur cette déclaration que la Société juge d'abord du plus ou moins d'importance qu'elle doit attacher aux renseignements qu'on doit lui fournir.

En effet, si l'emprunteur est célibataire, et qu'il déclare n'être ni tuteur, ni curateur, ni comptable de deniers publics, enfin dans aucune des conditions qui entraînent l'incapacité relative, la production de ses titres de propriété suffit pour déterminer le prêt.

Mais s'il est marié, ou s'il est veuf, la situation n'est plus la même.

S'il est marié, il faut encore distinguer si c'est avec ou sans contrat.

**93**. *Marié avec contrat.*—L'emprunteur désigne si c'est sous le régime dotal ou sous le régime de la communauté légale, ou de la communauté réduite aux acquêts, ou avec clause de séparation de biens. — A l'appui de sa déclaration, il produit une expédition de son contrat.

La Société a besoin de connaître non-seulement quel est le régime qui gouverne l'association conjugale, mais encore les diverses clauses qui peuvent faire rentrer de plein droit les biens donnés entre les mains du donateur, telles que le retour conventionnel (art. 951, C. N.). Il faut qu'elle puisse se rendre compte des droits respectifs des époux sur les biens offerts en hypothèque, de l'importance de leur apport et de l'influence que peuvent exercer dans l'avenir les clauses de cette nature, afin d'établir en conséquence les dispositions qui doivent être renfermées dans le contrat conditionnel.

Les immeubles qui sont frappés du droit de retour conventionnel ne doivent pas jouir de la faveur du Crédit. On peut les assimiler, jusqu'à un certain point, à ceux qui sont affectés à des majorats ou grevés de substitution. Le donateur à titre conventionnel reprend l'immeuble *franc, quitte*, vendu ou non vendu, libre de toute charge et *hypothèque*. Que deviendrait l'hypothèque de la Société, si l'immeuble accepté par elle en gage rentrait ainsi dans les mains du donateur ?

**94**. *Marié sans contrat.*—Aux termes de la loi du 18 juillet 1850, l'acte de célébration du mariage doit contenir l'indication de la date du contrat de mariage, les noms et lieux de résidence du notaire, ou, à défaut de contrat de mariage, la déclaration des parties qu'il n'a pas été fait de contrat. (V. *Guide pratique*, p. 320.)

Si le mariage est postérieur à la loi de 1850, l'emprunteur doit représenter l'*acte de célébration*.

La Société peut se convaincre ainsi de la capacité de la femme à contracter avec elle. L'article 1391 du Code Napoléon, aujourd'hui modifié par la loi du 18 juillet 1850, donne la mesure de cette capacité.

En s'engageant conjointement avec son mari, la femme répond sur ses biens personnels.

Dans le second cas, il doit fournir un acte de notoriété, ou, à défaut, une déclaration certifiée par le notaire.

Cet acte confirme la sincérité de l'emprunteur sur son état civil, et permet à la Société de se convaincre que l'engagement de sa femme est subordonné aux dispositions de la loi en vigueur lors de son mariage.

Le défaut de contrat de mariage ayant soumis l'association conjugale aux règles de la communauté légale, il s'ensuit que, l'engagement de la femme étant contracté en dehors du droit commun, celle-ci n'est responsable que pour sa part des biens de communauté, et ne l'est nullement en cas de renonciation.

Lorsque l'acte de notoriété est rédigé par un notaire, il devient passible du droit fixe de 2 francs, conformément à l'article 43, n° 2, de la loi du 28 avril 1816.

La déclaration du notaire, pouvant faire foi en justice, doit être écrite sur une feuille de papier timbré, conformément à l'article 12 de la loi du 13 brumaire an VII. Il n'est pas nécessaire qu'elle soit enregistrée.

**95**. *Veuf.*—La déclaration doit indiquer le nombre d'enfants nés du mariage ; expédition du contrat est produite comme pour les deux cas précédents, et s'il y a des dispositions testamentaires, elles sont signalées dans la déclaration.

**96**. *Gérant de Société.* — Il faut distinguer si la Société est civile ou si elle est commerciale. En matière civile, l'associé qui contracte n'engage ses coassociés qu'autant qu'ils lui en ont donné le pouvoir ; par conséquent, c'est à la régularité des conditions qui lui sont propres qu'il faut s'attacher pour réaliser un acte de prêt.

En matière commerciale, l'associé qui contracte en général engage, il est vrai, la Société ; il peut aliéner les choses qui font l'objet de la Société (Code de commerce, art. 22). Il peut même aussi contracter des emprunts qui engagent ses coassociés ; mais peut-il hypothéquer les immeubles que la Société a acquis et qui ne sont pas compris dans l'action commerciale pour laquelle elle s'est fondée ? Pour cela, il faut un mandat spécial ou une disposition expresse du contrat de Société.

(Cassation, 21 avril 1841.)

**97**. Immeubles.—La première condition, c'est que l'immeuble qui doit servir de gage soit susceptible d'aliénation, car l'hypothèque est une aliénation implicite. Nous avons vu quels étaient les immeubles qui ne pouvaient être aliénés, ou qui ne pouvaient l'être qu'après certaines formalités ; ces formalités sont également nécessaires pour les hypothéquer.

Ainsi, l'immeuble dotal ne peut être engagé par le mari, même avec le consentement de la femme que pour les cas prévus par l'article 1558 du Code Napoléon, et qui sont au nombre de cinq : — Pour tirer de prison le mari ou la femme ; — Pour fournir des aliments à la famille ; — Pour payer les dettes de la femme ou de ceux qui ont constitué la dot, lorsque ces dettes ont une date certaine antérieure au contrat de mariage ; — Pour faire de grosses réparations indispensables pour la conservation de l'immeuble dotal ; — Enfin, lorsque cet immeuble se trouve indivis avec des tiers, et qu'il est reconnu impartageable. Pour chacun de ces cas, il faut une autorisation de justice qui en consacre l'existence réelle. L'autorisation obtenue par le mari et par la femme pour un cas en dehors de ceux énoncés en l'article 1558, ne validerait pas l'emprunt et, par conséquent, le prêteur serait exposé à se voir contester son hypothèque.

Cette situation de l'immeuble étant l'une des plus délicates qui puissent se présenter, il est très-important pour l'emprunteur qui doit l'offrir comme gage à la Société de faire constater bien clairement dans le jugement d'autorisation le cas particulier pour lequel elle est demandée, de manière à ce qu'il n'y ait aucun doute possible sur la nature et sur l'importance du fait.

**98**. *Absent.* — Les immeubles d'un absent, jusqu'après l'envoi en possession définitive, ne peuvent être hypothéqués qu'en vertu d'un jugement. Les motifs pour lesquels l'autorisation doit être demandée n'étant point déterminés par le Code Napoléon, ils sont laissés à l'appréciation du juge.

L'envoi en possession définitive prononcée conformément aux dispositions de l'article 129 du Code Napoléon, donne aux héritiers présomptifs de l'absent le droit de disposer de ses biens et, par conséquent, de ses hypothèques.

En général, et quelle que soit la nature de l'immeuble, l'emprunteur doit joindre à sa demande une désignation sommaire, article par article, des biens offerts en garantie; l'indication, par chaque nature d'immeubles, de leur situation et de leur contenance, avec les numéros du cadastre des différents articles compris dans cette désignation.

*Exemple.*

1° Une maison sise à R..., Grand'Rue, composée de trois chambres au rez-de-chaussée, deux chambres au premier, grenier, cave, hangar, écurie et grange, le tout (ou partie) couvert en tuiles, ou en ardoises, ou en chaume.

2° Un jardin à côté, d'une contenance de 17 ares, compris sous le numéro 194, section C du plan de ladite commune de R.

3° Une vigne dite au Plessis, d'une contenance de 50 ares, comprise sous le numéro 117, section D dudit plan.

4° Une terre labourable, d'une contenance de ...., ou 3 hectares de terres labourables en 36 parcelles, comprises sous les numéros .... dudit plan, section C et section F.

(Voir *Guide pratique de l'Enregistrement*, Registre-Répertoire de l'état civil de la propriété foncière, n° 634.)

**99**. Droit de propriété. — Le droit de propriété sur l'immeuble que l'emprunteur offre à la Société comme garantie du prêt qui doit lui être fait, se constate par la production des contrats, des actes ou des documents, tant en sa personne qu'en celle de ses auteurs, qui justifient que ce droit n'est pas sujet à résolution. La réunion de ces différentes pièces constitue l'*établissement* de la propriété, et leur ensemble représente ce qu'on nomme *titres de propriété*.

Les justifications à fournir diffèrent suivant les causes d'où dérive le droit de propriété, telles que : Succession; — Partage; — Cession de droits successifs; — Licitation; — Donation entre vifs; — Partage anticipé; — Testament; — Acquisition; — Echange.

Nous allons successivement rappeler ces causes, en signalant les pièces dont la production se rattache plus spécialement à chacune d'elles.

**100. Succession.**—Pièces établissant la qualité *d'héritier : Intitulé d'inventaire,* ou, à défaut, *Acte de notoriété ; — Acte de partage ; — Cession de droits successifs,* ou tous autres actes faisant cesser l'*Indivision.*

*Inventaire.* — L'Intitulé consiste dans : 1° la désignation des noms, prénoms, profession et domicile des héritiers ; 2° la désignation des noms, prénoms, profession et domicile de la personne décédée ; 3° si cette personne est célibataire, veuve ou mariée ; 4° les noms de l'époux prédécédé et de l'époux survivant ; 5° la date et le lieu du décès ; 6° la déclaration par le notaire qu'il a été requis par les héritiers pour procéder à l'inventaire ; 6° la signature des parties requérantes.

*Acte de notoriété.* — Cet acte tient lieu de l'Acte de décès et, à plus forte raison, de l'Intitulé d'inventaire.

**101. Partage.**—S'il est notarié, on désigne seulement les noms, professions et demeures des héritiers et de l'auteur de la succession, la date et le nom du notaire ; — s'il est fait par acte sous signature privée, on doit, en outre, indiquer s'il a été ou non enregistré, et s'il l'a été, la date et le bureau de l'enregistrement. Si le partage a été fait en justice conformément aux dispositions des articles 819 du Code Napoléon et 966 du Code de procédure, on devra présenter le jugement d'homologation.

**102. Cession de Droits successifs.**—Entre la cession de droits successifs et la vente ordinaire, il y a cette différence que la vente se rapporte à un objet certain, déterminé, tandis que la cession se rapporte à des objets indéterminés, connus ou inconnus, mobiliers et immobiliers, qui dépendent d'une succession. Lorsque la cession a lieu de la part d'un héritier à ses cohéritiers, elle produit tous les effets d'un partage, en faisant cesser l'indivision à l'égard de tous les héritiers. Cet acte n'est pas sujet à transcription. Mais il devrait être transcrit comme en matière de vente si la cession n'était pas faite à tous les cohéritiers.

**103. Licitation.**—C'est la vente d'une chose commune qui ne peut être partagée commodément et sans perte, ou qu'aucun des cohéritiers ne peut ou ne veut prendre (art. 1686 du Cod. Nap.). Disons en passant que l'économie de cet article n'est guère en harmonie avec les principes actuels de l'économie rurale.

Le partage, la cession et la licitation doivent faire cesser l'indivision, c'est-à-dire éteindre l'action en partage que chaque cohéritier a le droit d'exercer contre son cohéritier en vertu de l'article 815 du Code Napoléon. Lorsque, par l'effet de l'un de ces actes, l'indivision cesse, il est dû : 1° un droit fixe de 5 0/0 sur le partage et de 4 0/0 sur la soulte qui peut y être exprimée; 2° un droit de 4 0/0 sur le prix de la cession ou de la licitation (art. 69, § 7, n° 4, de la loi du 22 frimaire an VII), à moins que la licitation ait eu lieu au profit d'un étranger (art. 1687 Cod. Nap.), auquel cas le droit proportionnel de 5 fr. 50 c. 0/0 est exigible. (Art. 52 de la loi du 28 avril 1816.)

**104. Donation entre vifs.—Partage anticipé.**—L'emprunteur doit produire l'expédition de l'acte de donation qui doit porter la mention de la transcription, si elle a eu lieu. Il doit déclarer l'âge des donateurs; dire s'ils sont disposés à concourir à l'acte d'emprunt, faire connaître la position de la famille et les circonstances de nature à rassurer la Société sur les chances de la résolution qui résulterait, soit de la survenance d'enfants, soit de la réduction de la donation, soit de l'obligation où pourrait être le donataire de faire le rapport en nature des biens donnés. (Code Nap., art. 843, 844, 859, 865, 866, 920, 960.)

Les donations entre vifs peuvent être faites par contrat et hors contrat de mariage. Hors contrat de mariage, il faut qu'elles soient acceptées pour avoir leur effet.

Le partage anticipé est l'acte par lequel le père ou la mère de famille fait à tous ses enfants et seuls présomptifs héritiers le partage de tout ou partie de ses biens, suivant les dispositions des articles 1075 et 1076 du Code Napoléon.

Il peut se faire que le partage anticipé soit fait avec réserve de rente annuelle et viagère en faveur du père qui a fait l'abandon de ses biens à ses enfants; dans ce cas, l'emprunt à contracter subirait, quant à sa quotité, une réduction en proportion de l'importance de la rente à servir. (Stat., art. 52.)

Exemple : En vertu d'un partage anticipé, un père de famille a imposé à ses deux enfants, ses seuls présomptifs héritiers, de lui servir chacun une rente annuelle et viagère de 100 francs, représentant un capital de 2,000 francs.

Le lot de chaque enfant, consistant en terres labourables et prés, est grevé d'une hypothèque en garantie du service de cette pension et du remboursement en cas d'éviction.

Chaque lot vaut 6,000 francs. L'un des enfants demande à contracter un emprunt de 2,000 francs. Le Crédit foncier refusera, parce que le montant de la somme demandée, réuni au capital inscrit, 4,000 francs, excédera la moitié de la valeur du lot, soit 3,000 francs. — Le Crédit foncier accepterait si le lot valait 8,000 francs.

Le partage anticipé est assujetti au droit proportionnel de 1 0/0 sur le revenu des biens capitalisé. (Art. 3 de la loi du 16 juin 1824.)

Si la donation et le partage anticipé n'étaient pas transcrits, il serait à craindre que la Société refusât l'emprunt, car le donataire ou le copartageant n'est devenu exclusivement propriétaire du bien qu'il veut hypothé-

7

quer que du jour de cette transcription, lors même qu'il aurait joui de ce bien pendant près de trente ans. V. *Guide pratique*, p. 65 à 69, nᵒˢ 194 à 202.)

Outre la justification de l'expédition de ces deux contrats, il faut donc que l'emprunteur fasse établir : 1° si ces contrats sont transcrits, ce qui a lieu aussi dans l'établissement de la propriété rédigé par le notaire ; 2° l'âge des donateurs. — On sait que, lorsque après une donation, il survient des enfants au donateur, la donation est nulle (art. 953 Cod. Nap.). Par conséquent, il importe que la Société connaisse l'âge des donateurs, afin de lui permettre de stipuler dans l'acte d'emprunt telles ou telles conditions qu'elle jugera convenable d'insérer au cas où la survenance d'enfant pourrait avoir lieu durant le prêt.

La disposition où seraient les donateurs de concourir à l'emprunt doit être signalée dans la déclaration, ainsi que nous l'avons dit plus haut. Cette indication est d'autant plus importante que, dans beaucoup de pays, les père et mère qui se démettent de leurs biens en faveur de leurs enfants, conformément aux articles 1075 et 1076 du Code Napoléon, imposent à ces derniers, outre les conditions ordinaires, celle de *ne pas aliéner les biens sans leur consentement exprès.* Quoiqu'une pareille condition, contraire au sentiment de libéralité qui doit généralement inspirer les contrats dont nous parlons, soit en quelque sorte une entrave à la liberté des transactions et regardée comme nulle, il n'en est pas moins prudent d'en donner connaissance à la Société, car il pourrait arriver qu'après avoir méconnu la condition du consentement, l'emprunteur y revint, par un sentiment de retour au respect de l'autorité paternelle. L'emprunteur doit aussi chercher à *rassurer la Société sur les chances de réduction de la donation.* (Code Nap., art. 920 et suiv.)

**105**. Nous ferons à ce sujet une observation très-importante. Il faudrait, autant que possible, que les père et mère maintinssent entre leurs enfants une *égalité* constante quant aux biens, afin d'éviter qu'avant ou après leur décès, il ne s'élève entre eux des discussions regrettables sur la question de réduction. Lorsqu'un enfant a eu pendant vingt ans la possession d'une propriété, à laquelle il a donné ses soins, il ne peut que lui être très-pénible d'en voir retrancher même un lambeau. On peut s'imaginer alors combien ces sortes de retranchements opérés, surtout dans le temps où nous sommes, peuvent engendrer de procès et de haine, briser le lien de la famille et entraver le crédit dont la propriété doit jouir.

On sent bien, en effet, que les intérêts du Crédit foncier se trouveraient compromis, si l'immeuble affecté comme gage venait à être divisé un jour et appartenir à deux maîtres.

Depuis que la propriété immobilière devient le point de mire de nouvelles idées spéculatives, l'emprunt revêt, parmi les populations rurales un caractère tout autre que celui qu'il avait avant. Autrefois, on empruntait pour *acquitter des dettes ;* de telle sorte qu'une dette remplaçait l'autre. La dette se déplaçait, voilà tout. Elle changeait de lieu sans changer de physionomie.

Aujourd'hui, on commence à emprunter pour *améliorer la terre*. Ce n'est plus ici cette dette n'apportant avec elle que la tristesse, le découragement et le deuil. Non ; c'est une *avance* à la terre, une avance qui *stimule* au travail.

Hors les cas d'événements imprévus, indépendants de la volonté de l'homme, les dettes ont leur origine dans le mauvais emploi des ressources individuelles et des ressources des Etats.

On ne doit donc pas être surpris que, de nos jours, le débiteur fuie d'ordinaire son créancier, et que le créancier considère son débiteur comme son homme-lige, sa victime.

Le *nouveau* système d'emprunt, qui commence à prévaloir sur l'*ancien*, vient, en détruisant des préjugés toujours hostiles au vrai progrès, sauvegarder la dignité de l'emprunteur, autrefois fatalement compromise. Donc, ce système est plus moral que l'ancien et convient mieux dans une époque où les idées d'égalité ont fait un grand pas.

Nous ne saurions donc assez recommander aux pères et mères de famille de faire régner entre leurs enfants, quant aux biens immeubles spécialement, le principe de l'*égalité*, puisque du maintien de ce grand principe découle la plus ou la moins grande stabilité de l'emprunt hypothécaire contracté avec le Crédit foncier.

Nous pouvons dès lors prévoir le temps où les avantages et les dispositions préciputaires faits à un ou deux enfants, au détriment des autres, disparaîtront sinon de droit, mais de fait, pour faire place aux seules dispositions équitables que commandent la nature et l'intérêt général de la société.

**106. Testament.**—L'emprunteur produit l'expédition du testament, en cas de legs universel ; — l'ordonnance d'envoi en possession, si le testament est olographe ; — un acte de délivrance des legs, s'il existe des héritiers à réserve (Cod. Nap., art. 1004, 1007, 1008) ; — en cas de legs à titre universel ou à titre particulier, les pièces justificatives de la délivrance du legs. (Cod. Nap., art. 1011, 1014.)

Aux termes de l'article 21 de la loi du 22 frimaire an VII, les testaments ne sont sujets à l'enregistrement que dans les trois mois du décès des testateurs. Ils sont enregistrés aux droits fixes de 5 francs (art. 45, n° 4 de la loi du 28 avril 1816), à moins qu'ils ne contiennent le partage des biens du testateur en faveur de ses enfants (art. 1075 et 1076 du Cod. Nap.), auquel cas il est dû le droit de 1 0/0, conformément à l'article 3 de la loi du 16 juin 1824. Ils sont sujets à l'enregistrement dans les trois mois de leur date, comme les ventes ordinaires, lorsqu'ils renferment des soultes ou des plus-values d'un ou de plusieurs lots sur d'autres.

Le legs universel est la disposition testamentaire par laquelle le testateur donne à une ou plusieurs personnes l'universalité des biens qu'il laissera à son décès. (Art. 1003 C. Nap.)

Le legs à titre universel est celui par lequel le testateur lègue une quote-part des biens dont la loi lui permet de disposer, telle qu'une moitié, un tiers, ou tous ses immeubles, ou tout son mobilier, ou une quotité fixe de tous ses immeubles ou de tout son mobilier. *Toute autre legs ne forme qu'une disposition à titre particulier.* (Art. 1010 C. Nap.)

Les *Ordonnances d'envoi* en possession sont enregistrées au droit fixe de 3 francs, suivant l'article 44, nº 9, de la loi du 28 avril 1816.

Les actes de délivrance des legs sont enregistrés au droit fixe de 2 francs, suivant l'article 8 de la loi du 18 mai 1850.

La délivrance d'un legs peut avoir lieu *tacitement* ou *expressément*. Elle a lieu *tacitement* lorsqu'au vu et au su de l'héritier, et sans réclamation de sa part, le légataire se met lui-même en possession, ou continue celle qu'il avait. Dans ce cas, le légataire doit justifier, par lettres ou divers témoignages, de son entrée en possession.

Lorsqu'elle a lieu *expressément*, le légataire produit les lettres ou papiers ou les titres émanant des héritiers à réserve ou des légataires universels.

**107. Acquisition.**—L'emprunteur produit : l'expédition de l'acte de vente, les pièces constatant la transcription et la purge des hypothèques légales, si elle a lieu ; la *quittance* du prix, et, à défaut, acte authentique contenant, de la part du vendeur, *renonciation* à son privilége et à son action *résolutoire*.

Les pièces constatant la transcription et la purge sont : les certificats de transcription des contrats, les certificats de purge, les certificats négatifs.

La quittance du prix doit être sur papier timbré, lorsqu'elle dépasse 10 francs, à moins qu'elle ne soit donnée sur l'expédition de l'acte. Elle n'est pas sujette à l'enregistrement dans un délai déterminé, à moins qu'elle ne soit notariée. Le droit proportionnel de libération est de 50 centimes. (Art. 69, § 2, nº 11, de la loi du 22 frimaire an VII.)

La renonciation par le vendeur à son action résolutoire se fait par-devant notaire, et donne lieu à la perception du droit fixe de 2 francs.

**108. Échange.**—Produire, avec l'expédition de l'acte d'échange, les mêmes pièces que pour l'acquisition, tant pour l'immeuble donné en échange que pour celui reçu en contr'échange.

Un exemple facilitera l'intelligence de cette condition : *tant pour l'immeuble donné en échange que pour celui reçu en contr'échange.*

Le sieur Rozon cède en échange au sieur Virolet une terre labourable, et reçoit en contr'échange un pré.

Les échangistes sont mariés. Les biens cédés de part et d'autre proviennent d'acquisitions par actes réguliers.

Le sieur Rozon contracte un emprunt avec le Crédit foncier. Au nombre des immeubles qu'il affecte en garantie se trouve compris le pré que le sieur Virolet lui a cédé.

Supposons que la Société n'ait pas jugé nécessaire de faire purger l'hypothèque légale qui frappe, du chef des dames Rozon et Virolet, sur la terre et sur le pré, et que, quelques années après le prêt, le sieur Virolet, ayant mal administré sa fortune, soit l'objet de poursuites de la part de ses créanciers. Sa femme, ou ses ayants droit, s'empresseront de faire inscrire l'hypothèque légale résultant soit du contrat de mariage, soit des contrats de donation, et cette hypothèque frappera tant la terre cédée par le sieur Rozon à son mari, que le pré cédé par ce dernier au sieur Rozon. La valeur de la *terre* et des autres immeubles du mari étant insuffisante pour remplir la femme de ses droits, celle-ci les complétera avec la valeur du pré.

On voit de suite quelle sera la situation du Crédit foncier, qui ne saurait jamais, en principe, se trouver en face de tiers. Dans l'espèce, la femme Virolet, qui est un tiers, lui enlève son gage, et le sieur Rozon, qui a bien administré sa fortune et l'a fait même prospérer par l'effet de son emprunt, se trouve subitement et malgré lui porter atteinte aux droits de son créancier. La Société exige qu'il répare le tort qu'il lui a fait éprouver. Elle lui réclame ou une indemnité, ou le remboursement intégral, ou un supplément d'hypothèque ; car il est essentiel que, pendant toute la durée du prêt, la proportion établie par l'article 57 des statuts subsiste entre le montant du prêt et la valeur du gage.

Si le sieur Rozon ou le Crédit foncier eût fait purger l'hypothèque de la dame Virolet, les bénéfices du premier résultant de sa bonne administration, n'auraient point souffert de diminution, et le second ne se serait pas trouvé exposé à se voir disputer une partie de son gage.

Cet exemple suffira pour faire comprendre l'importance de la purge quand le bien affecté provient d'un échange.

**109**. Nous venons de voir sommairement quels sont les actes qui constituent la propriété immobilière ; nous pensons les avoir suffisamment analysés pour que les emprunteurs comprennent que leur production vis-à-vis du Crédit foncier est indispensable.

Mais est-elle toujours possible ? ou du moins est-elle également facile partout et dans tous les cas ? Sous ce rapport, il n'est pas sans intérêt de se rendre compte de la condition des titres qui établissent les mutations de la petite propriété en France.

Dans le Midi, les notaires rédigent généralement tous les actes qui ont pour objet la transmission de la propriété immobilière en matière de vente et d'échange. Dans le Nord, cette rédaction n'est faite par les notaires que dans la proportion des sept dixièmes environ de cette nature d'actes. La rédaction des trois autres dixièmes est l'œuvre des particuliers.

Cette différence tient à l'absence presque absolue d'instruction des populations rurales d'un côté, et à un commencement d'instruction de l'autre ; de là une conséquence inévitable, c'est que, dans le Midi, les impôts, les frais d'actes et les charges de toute nature ont été, beaucoup plus que dans le Nord, un obstacle à la possession des divers titres de propriété.

Les petits propriétaires se montrent, en général, très-peu disposés à lever chez les notaires les expéditions de leurs titres ; c'est à peine s'ils se décident à prendre les expéditions des actes les plus solennels de la vie, tels que les contrats de mariage, les testaments et les donations.

### Etablissement de Propriété.

**110**. Indépendamment des pièces dont le détail précède, et qui sont en partie des actes parés, l'emprunteur doit produire un tableau synoptique, pour ainsi dire, de la situation de l'immeuble offert en garantie du prêt. L'établissement de la propriété remontant à trente ans au moins, et contenant l'analyse raisonnée des différentes mutations et des titres à l'appui, est rédigé par un notaire, sur une feuille de papier libre.

Cette rédaction nécessitera d'autant moins de frais que l'emprunteur aura plus ou moins mis de soins à réunir et à conserver ses titres de propriété.

Si le sentiment de la famille vous porte à lever les expéditions des contrats de mariage et des testaments, levez aussi celles des actes qui concernent la propriété, car, de nos jours, la famille et la propriété sont deux choses inséparables qui commandent le même intérêt et la même sollicitude.

L'analyse des titres a lieu comme elle se fait ordinairement dans les contrats notariés. Elle remonte aux mutations qui ont trente ans de date, et doit comprendre l'indication des *servitudes* ou autres *charges réelles* qui peuvent grever l'immeuble.

**111. Servitudes.** — Si le droit de propriété était exclusivement renfermé dans les titres, et si ces titres et les copies de matrices cadastrales témoignaient *seuls* suffisamment de l'existence et de *l'étendue* de la propriété, il serait superflu d'exiger de l'emprunteur l'indication des servitudes.

Les servitudes sont apparentes ou occultes. Elles sont une charge de la propriété, dont elles augmentent ou diminuent la valeur, selon les cas.

Il en est qui sont acquises par la prescription trentenaire (Cod. Nap., art. 637 à 710). Ce sont celles-là que la Société a plus particulièrement intérêt à connaître, puisque aucun titre ne les révèle. Sous ce rapport, il est essentiel de signaler les servitudes que nous pourrions appeler exceptionnelles ou accidentelles, telles que les *servitudes militaires* qui affectent les propriétés placées dans la zone stratégique ; les *servitudes domaniales* qui peuvent résulter de tracés de route ou d'alignement de voie publique; enfin, les *servitudes forestières*, relativement aux constructions qui seraient élevées à moins de 500 mètres des bois et forêts soumis au régime forestier.

**112. Charges réelles.** — A la différence des charges personnelles, qui n'obligent que les personnes qui en sont tenues *les charges réelles* ne grèvent que la chose. Au nombre des charges réelles et concurremment avec les *servitudes* que nous venons de signaler, il y a : les droits *d'usage* et *d'habitation*, *l'usufruit*, *l'antichrèse* ou nantissement d'une chose immobilière.

On comprend que plus la propriété est grevée de *charges*, moins elle a de valeur réelle. Il faut donc, pour apprécier cette valeur, pouvoir tenir compte, au moyen de l'indication fournie dans l'établissement de la propriété, de l'importance de celles qui pèsent sur elle.

**113. Prescription.** — Aux termes de l'article 2262 du Code Napoléon, toutes les actions, tant *réelles* que *personnelles*, sont prescrites par trente ans sans que celui qui allègue cette prescription soit obligé d'en rapporter un titre, ou qu'on puisse lui opposer l'exception déduite de la mauvaise foi.

Aux termes de l'article 2219, la prescription est un moyen *d'acquérir* ou de se *libérer* par un certain laps de temps, et sous les conditions déterminées par la loi.

L'emprunteur qui ne peut produire un *titre* établissant l'*attribution* à lui ou à ses auteurs, soit à titre d'achat, soit à titre de succession, donation ou testament, de l'immeuble offert en gage, est obligé de produire des pièces qui constatent que la possession trentenaire dont il se prévaut a toujours été pour lui comme pour ses auteurs *à titre de propriétaire* et non à titre précaire, c'est-à-dire comme fermier, usager, mandataire, curateur, etc.; mais que la possession a été exclusive, constante et sans trouble. Les pièces qui peuvent établir cette preuve sont : les déclarations de succession, les inventaires, les baux, les actes de notoriété, les certificats des maires, les extraits de la matrice cadastrale, enfin tous les documents dont la réunion forme une autorité suffisante pour constituer une présomption de propriété. Ce que nous venons de dire s'applique à la prescription trentenaire qui supplée au titre; celle de dix et vingt ans a, au contraire, son point de départ sur un titre qui constate une acquisition de bonne foi d'un vendeur qui ne l'était pas ; dans ce cas, elle couvre l'irrégularité du titre contre ceux qui auraient des droits à exercer et qui n'ont de recours personnel que contre le vendeur de mauvaise foi. Nous croyons toutefois devoir faire remarquer ici que pour ce qui regarde les hypothèques grevant le bien vendu de mauvaise foi, mais acheté de bonne foi, elles ne seraient éteintes par la prescription de dix ou vingt ans que du jour de la transcription du titre (Cod. Nap., art. 2180 et 2265). Ce cas démontre encore une fois de plus la nécessité de la transcription.

Il est consacré par la jurisprudence que cette prescription ne court pas à l'égard de l'hypothèque légale de la femme pendant le mariage ; la même raison existe pour l'hypothèque légale du mineur.

Passé le délai de trente ans, l'emprunteur n'a plus besoin de prouver son droit de propriété, car, par des motifs puisés autant dans le droit naturel que dans le droit civil, la *possession* trentenaire sert de titre.

**114.** SITUATION HYPOTHÉCAIRE.—La situation hypothécaire résulte d'un état des inscriptions délivré par le conservateur des hypothèques, qui comprend aussi les priviléges, qu'il faut distinguer en priviléges soumis à l'inscription et priviléges qui en sont dispensés et frappent néanmoins les biens d'une manière plus directe.

**115.** Les créances privilégiées non soumises à l'inscription sont déterminées par la loi (C. Nap., art. 2101); elles comprennent : les frais de justice, les frais funéraires et de dernière maladie, les salaires des gens de service pour l'année échue et ce qui est dû de l'année courante, les fournitures de subsistances faites, suivant leur nature, pendant les derniers six mois ou pendant l'année. Quand l'immeuble est d'une valeur peu élevée, ces créances peuvent absorber une partie de la somme à prêter; elles passent d'ailleurs avant les créances hypothécaires, même avant le privilége du vendeur et les autres priviléges énoncés en l'article 2103 (C. Nap., art. 2105). Elles doivent donc être prises en considération dans les calculs sur la garantie présentée par l'immeuble offert en gage.

**116.** Les priviléges soumis à l'inscription et, par conséquent, à la publicité sont :

1º Le privilége du vendeur, qui, aux termes de la loi du 23 mars 1855, a quarante-cinq jours pour faire inscrire utilement son privilége, nonobstant toute transcription d'actes faits dans ce délai. Le vendeur a aussi le privilége résultant de l'action résolutoire (C. Nap., art. 1184, 1654), qui n'est prescriptible que par trente ans, même vis-à-vis d'un acquéreur secondaire, à moins que la revente ait été rendue publique par l'effet de la transcription (loi du 23 mars 1855, art. 6 et 7);

2º Le privilége de ceux qui ont fourni les deniers pour l'acquisition d'un immeuble;

3º Le double privilége des co-partageants, tant pour les soultes et prix de licitation que pour la garantie des lots ;

4º Le privilége de séparation des patrimoines, accordé aux créanciers et légataires d'une succession;

5º Le privilége des architectes, entrepreneurs et ouvriers, et de ceux qui ont prêté les deniers pour rembourser les ouvriers;

6º Le privilége pour travaux de drainage, aux termes de la loi du 17 juillet 1856. Ce privilége ne peut faire obstacle au prêt par le Crédit foncier, la Société étant elle-même chargée des prêts pour le drainage;

7º Le privilége résultant de travaux d'utilité publique, par exemple pour les indemnités dues aux concessionnaires ou au Gouvernement, à raison de la plus value des propriétés et résultant des travaux de desséchement exécutés dans le voisinage de ces propriétés, pourvu que l'acte de concession ou le décret qui ordonne le desséchement au compte de l'Etat soit transcrit au bureau des hypothèques de l'arrondissement des marais desséchés (Loi du 16 septembre 1807, art. 23);

8° Le privilége du Trésor sur les biens des comptables, et celui pour les frais de justice en matière criminelle, correctionnelle et de police.

Dans le premier cas, le privilége a deux effets bien distincts : 1° de frapper, à partir du jour de l'inscription, sur les biens qui appartenaient au fonctionnaire à l'époque de sa nomination ou qui lui sont survenus à titre gratuit; 2° de frapper les immeubles, du jour même de leur acquisition, soit par le comptable, soit par sa femme, même séparée de biens, si le Trésor a pris inscription dans les deux mois, à partir de l'enregistrement de l'acte d'acquisition.

Dans le second cas, le privilége a un effet rétroactif, en ce sens que si le Trésor prend inscription dans les deux mois, à partir du jugement de condamnation, le privilége remonte jusqu'au jour du mandat d'arrêt. (Même loi.)

**117.** L'état de la situation hypothécaire devra être délivré, *tant sur l'emprunteur que sur ses auteurs*, dans le cas où celui-ci serait *propriétaire à titre d'héritier* ou de *légataire* ou en vertu de tout autre titre *non sujet à la transcription.* Il devra contenir, en ce qui concerne *les immeubles offerts en garantie :* 1° la mention *des transcriptions des saisies et des dénonciations de saisies,* ou le certificat qu'il n'en existe pas ; 2° la mention *des trancriptions des ventes ou donations* qui auraient été faites par *l'emprunteur ou ses auteurs* dénommés dans la réquisition, ou un *certificat négatif ;* 3° la mention *des trancriptions de tous actes de substitution,* conformément aux articles 1069 et 1070 du Code Napoléon, ainsi que tous autres énoncés dans les articles 1 et 2 de la loi du 23 mars 1855, ou *un certificat négatif.*

**118.** *Propriétaire à titre d'héritier.* — Nous avons vu comment on pouvait justifier de sa qualité d'héritier (V. n° 100); il peut arriver néanmoins qu'un héritier ne soit *qu'apparent,* et qu'un autre d'un degré plus rapproché se présente plus tard et vienne exercer l'action en pétition d'hérédité. Quoique la jurisprudence ait décidé que dans ce cas les aliénations faites et les hypothèques consenties par l'héritier apparent étaient valables, il n'en est pas moins prudent de signaler les circonstances qui pourraient faire craindre l'existence d'autres héritiers.

Lorsque les immeubles offerts en garantie par l'emprunteur lui proviennent d'une succession, il faut que l'Etat constate la situation hypothécaire du chef de l'*auteur* de la succession, parce que, aux termes de l'article 873 du Code Napoléon, les héritiers sont tenus des dettes et charges de la succession, personnellement pour leur part et portion virile, et *hypothécairement* pour le *tout.*

**119.** *Propriétaire en vertu d'un titre non sujet à la transcription.*— La transcription est un moyen d'arriver à la purge des hypothèques qui grèvent un bien.

La purge ne s'effectue qu'au profit des *tiers* détenteurs qui ont intérêt de se libérer de leurs prix entre les mains des créanciers hypothécaires des précédents possesseurs. (Voir art. 2181 à 2192 du Cod. Nap.)

La purge ne saurait avoir lieu au profit d'un héritier qui aurait acquis le bien grevé soit en vertu d'un partage, soit en vertu d'une licitation faisant *cesser l'indivision*, ou d'une cession de droits successifs (V. n° 102). En effet, aux termes de l'article 883 du Code Napoléon, cet héritier est censé avoir succédé *seul* et immédiatement à tous les effets compris dans son lot, ou à lui échus sur licitation, et n'avoir jamais eu la propriété des autres effets de la succession.

Par conséquent, il est *seul* obligé aux dettes qui grèvent tous ces effets, absolument comme s'il se fût engagé *lui-même* envers les créanciers.

Entre cet héritier et le tiers dont nous venons de parler, il y a donc une très-grande différence.

1° Le tiers n'est pas débiteur *personellement* de la dette, puisqu'il n'a signé aucun engagement aux créanciers ; il ne l'est que de son prix vis-à-vis du précédent propriétaire.

Pour affranchir le bien qu'il a acquis, il doit nécessairement *s'annoncer publiquement* au créancier comme étant prêt à acquitter, jusqu'à concurrence de son prix, la dette de ce précédent propriétaire.

Pour s'annoncer, il fait donner la *publicité* à son contrat par le moyen de la transcription.

2° L'héritier n'a pas besoin de *s'annoncer* au créancier, qui *reconnaît* en lui le représentant légal de la succession, sa débitrice.

Tel est le principe de la transcription et de la non transcription des contrats en matière de purge d'hypothèques.

On charge ordinairement les notaires du soin de requérir les états d'inscription. (Voir art. 2196 du Cod. Nap. ; — *Guide pratique de l'Enregistrement*, p. 47, n° 122, et p. 400, n° 804.)

Pour compléter les renseignements sur l'immeuble, l'emprunteur aura encore à représenter à la Société :

1° *Copie certifiée de la matrice cadastrale ;* — 2° *Les baux ou l'état des locations ;* — 3° *Déclaration des revenus et charges ;* — 4° *Police d'assurance.*

**120.** *Copie certifiée.* — L'emprunteur doit fournir l'extrait matriciel seulement des immeubles qu'il soumet à l'hypothèque. Le maire certifie cet extrait conforme à la matrice. (V. *Guide pratique*, p. 354, n° 740.)

L'indifférence que mettent les contribuables à faire opérer sur les matrices cadastrales les mutations rendues nécessaires pour établir entre eux une juste répartition de l'impôt foncier annuel, a produit de graves désordres dans les matrices.

Il est des contribuables qui payent l'impôt affectant des articles dont ils ne sont plus propriétaires depuis longtemps; il en est aussi qui n'en payent point sur des articles dont ils ont la propriété, même en vertu de titres réguliers.

Or, si l'un de ces derniers emprunte au Crédit foncier, et hypothèque un ou plusieurs de ces articles, il est évident qu'il ne remplira que très-imparfaitement la condition qui lui est imposée de fournir *la copie certifiée de la matrice cadastrale.* En effet, cette copie doit concorder avec la désignation sommaire faite dans la demande de prêt.

Cette irrégularité entraîne des lenteurs nuisibles à l'emprunteur. Nous rappelons à cet égard que l'ordre le plus parfait doit régner dans les archives de l'état civil de la propriété foncière.

**121.** *Baux.*—Il y a des baux de différentes natures, suivant les usages établis dans certaines contrées, et qui se perpétuent, même en présence des dispositions des lois nouvelles. Les conditions énoncées dans ces baux, affectant plus ou moins l'intégralité de l'immeuble offert en gage, il est essentiel que la Société soit mise à même de les apprécier.

Si les immeubles à hypothéquer sont loués, on produit le bail. S'ils sont loués, verbalement ou par des actes non enregistrés, à plusieurs personnes, mais séparément, on produit un état des locations. Il peut être utile de produire les anciens baux, indépendamment des baux existants.

Cet état est rédigé sur une feuille de papier libre  On y désigne la nature et la contenance des immeubles, les noms du fermier, la date, la durée, le prix de la location et les fermages et loyers payés d'avance.

Nous avons vu  que les prix des baux étaient l'expression de la valeur locative ou du revenu brut des biens. Le Crédit foncier veut connaître le chiffre de ces revenus, mais surtout du revenu moyen, qu'il détermine facilement à l'aide des baux anciens et des baux courants.

Par l'article 55 des statuts, il n'accepte pour gages que les propriétés d'un revenu *durable* et *certain.* Le revenu moyen se concilie parfaitement avec ces conditions de durée et de certitude. Il sert de base à la fixation du chiffre de l'annuité au service de laquelle l'emprunteur s'engage (art. 57).

**122.** *Bail emphytéotique.* — Un emprunt peut être contracté par un preneur à bail emphytéotique. Le droit que lui donne son contrat est un droit immobilier qui suffit pour constituer un gage suffisant de garantie; néanmoins il y a à prendre en considération le temps qui s'est écoulé sur le bail et aussi les causes diverses qui pourraient en amener la résolution pour inexécution des conditions imposées, telles que payements plus ou moins réguliers de la redevance, améliorations à effectuer sur l'immeuble, etc.

**123.** *Revenus.*—Cette déclaration est *signée* par l'emprunteur. Elle permet à la Société de contrôler l'évaluation faite par ce dernier au moyen de baux, de la valeur réelle et de l'estimation par expert. Réciproquement, elle permet à l'emprunteur de contrôler les évaluations résultant d'actes ou d'expertises, car il faut bien croire qu'il est, plus que tout autre, en mesure de faire une évaluation exacte.

Les contribuables des populations rurales ne se rendent pas bien compte de ce que l'on entend par le revenu proprement dit. Nous rappelons ce que nous avons dit à ce sujet dans le *Guide pratique de l'Enregistrement*, pages 143 à 177.

Le Crédit foncier doit se tenir en garde contre leur déclaration à cet égard, absolument comme le font les receveurs de l'enregistrement en matière de déclarations de successions.

Le plus souvent, en effet, ce sont les baux et les rapports d'expert qui contrôlent la sincérité des évaluations faites par les particuliers.

**124.** *Charges.*—On entend ici par *charges* celles qui grèvent seulement la propriété foncière, telles que l'impôt foncier, par exemple. Les frais de culture ne sont pas des charges ; ce sont des avances.

L'impôt des patentes, la contribution personnelle et mobilière et celle des portes et fenêtres, n'atteignant que les *personnes*, ne sont pas non plus des *charges* de la *propriété*. (V. n° 112, charges réelles.)

**125.** *Police d'assurance contre l'incendie.*—Nous avons déjà parlé de la police d'assurance contre l'incendie, sous les articles 67, 68, 69, des statuts.

Nous ajouterons ici, qu'aux termes de l'article 67, la Société peut demander que l'assurance soit faite en son nom, et le montant des charges annuelles acquitté par ses mains. Il est évident qu'elle n'exerce cette faculté que lorsque les immeubles offerts en garantie ne sont pas déjà assurés, lors de l'emprunt, par l'emprunteur lui-même.

La police d'assurance reste annexée à l'acte d'emprunt. Les assurés doivent dès lors, pour les soins à donner à leur comptabilité, se faire délivrer par la Compagnie d'assurance une copie de la police.

Aussitôt qu'un sinistre a lieu, l'assuré est obligé d'en faire la déclaration devant le juge de paix de son canton. Cette déclaration est enregistrée au droit fixe de 2 francs. Elle ne pourrait être reçue légalement, si l'assuré n'était point en mesure de produire son contrat ou la copie de son contrat d'assurance. (Voir Formule V.)

# CRÉDIT AGRICOLE

## 5ᵉ SECTION.

### Statuts de la Société du Crédit agricole.

### 16 FÉVRIER 1861.

#### TITRE Iᵉʳ.

*Fondation de la Société. — Son objet. — Sa dénomination. — Sa durée.
— Son siége.*

A‘RT. 1ᵉʳ. — Les comparants forment par ces présentes, sauf l'approbation du gouvernement, une Société anonyme qui existera entre tous propriétaires des actions ci-après.

ART. 2. — La Société a pour objet de procurer des capitaux ou des crédits à l'agriculture et aux industries qui s'y rattachent, en faisant ou en facilitant par sa garantie l'escompte ou la négociation d'effets exigibles au plus tard à 90 jours ; — D'ouvrir des crédits ou prêter à plus longue échéance, mais sans dépasser trois années, sur nantissement ou autre garantie spéciale ; — De recevoir les dépôts, avec ou sans intérêts, sans pouvoir excéder deux fois le capital réalisé ou représenté par des titres déposés dans la caisse de la Société, conformément à l'art. 9 ci-après ; — D'ouvrir des comptes courants ; — D'opérer des recouvrements ; — Et de faire, avec l'autorisation du gouvernement, toutes autres opérations ayant pour but de favoriser le défrichement ou l'amélioration du sol, l'accroissement et la conservation de ses produits et le développement de l'industrie agricole. — Elle peut, pour les besoins de ses opérations, créer et négocier des titres dont l'époque d'exigibilité ne pourra dépasser cinq ans, mais seulement en représentation et dans les limites des crédits ou prêts opérés.

ART. 3. — La Société prend la dénomination de *Crédit agricole.*

ART. 4. — La durée de la Société est de cinquante ans, à partir du jour du décret d'autorisation. — Son siége et son domicile social sont fixés à Paris.

#### TITRE II.

*Fonds social. — Actions. — Versements.*

ART. 5. — Le fonds social est fixé à 20 millions de francs. — Il se divise en 40,000 actions de 500 francs chacune. — 20,000 actions sont actuellement émises.

— Les 20,000 autres le seront ultérieurement, en tout ou en partie, sur la décision du conseil d'administration, approuvée par le Gouvernement. — Les nouvelles actions ne peuvent être livrées au-dessous du pair. — Les 20,000 actions présentement émises sont réparties entre les souscripteurs dans les proportions suivantes : — MM........

ART. 6. — Les porteurs des actions antérieurement émises ont un droit de préférence, dans la proportion des titres par eux possédés, à la souscription au pair des actions à émettre. — Ceux d'entre eux qui n'ont pas un nombre d'actions suffisant pour en obtenir au moins une dans la nouvelle émission peuvent se réunir pour exercer leur droit. — Le conseil d'administration fixe les délais et les formes dans lesquels le bénéfice des dispositions qui précèdent peut être réclamé.

ART. 7. — Toute souscription d'actions emporte l'obligation d'en verser le montant en numéraire. — Elle indique un domicile où sont signifiés au souscripteur les actes relatifs à son engagement.

ART. 8. — Le montant des actions est payable, savoir : — Un dixième au moment de la souscription, — Un second dixième dans le mois qui suit le décret d'autorisation, — Et les huit derniers dixièmes suivant les besoins de la Société et conformément aux appels faits par le conseil d'administration.

ART. 9. — Lors du second versement, chaque souscripteur fournira à la Compagnie garantie pour le payement des trois dixièmes complétant la moitié du prix de ses actions. — Cette garantie doit être réalisée par le transfert au nom de la Compagnie, ou le dépôt dans ses mains, suivant la nature des titres, des rentes sur l'État, actions de la Banque de France, actions ou obligations du Crédit foncier de France et obligations de chemins de fer garanties par l'État, acceptées au taux fixé par le conseil d'administration.

ART. 10. — Après le versement en espèces des deux premiers dixièmes et la réalisation de la garantie exigée par l'article 9, le titre définitif de l'action est remis au souscripteur. — Jusque-là, il n'a droit qu'à un récépissé nominatif constatant les versements opérés.

ART. 11. — Les valeurs transférées ou déposées en garantie sont renfermées dans une caisse à deux clefs, dont l'une reste entre les mains du gouverneur, l'autre entre les mains d'un administrateur. — Elles peuvent être déposées, soit au Crédit foncier, soit à la Banque de France, en vertu d'une délibération du conseil. — Les arrérages, intérêts ou dividendes sont remis aux actionnaires immédiatement après qu'ils ont été perçus par la Société.

ART. 12. — Les appels de fonds ordonnés par le conseil sont portés à la connaissance des actionnaires au moyen d'annonces insérées, un mois avant l'époque fixée pour le versement, dans deux des journaux de Paris désignés pour la publication des actes de société. — Les versements opérés dégagent jusqu'à due concurrence les valeurs de garantie.

ART. 13. — A défaut par un actionnaire de satisfaire aux appels de fonds, et dix jours après l'expiration du mois qui suit leur publication, les valeurs de garantie sont vendues dans la proportion nécessaire pour faire face au versement exigible. — Cette vente est faite à la Bourse de Paris, par le ministère d'un agent de change, aux risques et périls de l'actionnaire en retard, sans autorisation judiciaire et sans notification préalable.

ART. 14. — Lorsqu'après la vente opérée, la Compagnie n'a plus dans les mains valeur suffisante pour répondre de ce qui n'a pas encore été payé sur les cinq premiers dixièmes du prix de l'action, l'actionnaire doit y pourvoir par le dépôt ou le transfert de nouvelles valeurs dans le délai de dix jours, à partir de la notification qui lui est faite du résultat de la vente.

Art. 15. — Si un actionnaire refuse de fournir les valeurs de garantie, ou de les compléter quand elles sont devenues insuffisantes, — Ou si, après l'épuisement de ces valeurs ou leur réalisation, il n'effectue pas les versements exigibles, — Le conseil d'administration peut ordonner la vente de ses actions. — Cette vente est faite au choix de la Compagnie, soit en masse, soit en détail, soit au même jour, soit à des époques successives. — Elle a lieu dans les mêmes formes prescrites par l'article 13 et dans les mêmes conditions quant à l'emploi du prix. — Les titres des actions ainsi vendues deviennent nuls dans les mains du détenteur, et il en est délivré de nouveaux aux acquéreurs sous les mêmes numéros. — Les mesures autorisées par le présent article et par l'article 13 ne font pas obstacle à l'exercice simultané par la Compagnie des moyens ordinaires de droit. — Toute action sur laquelle les versements exigibles n'ont pas été réalisés cesse d'être négociable. — Toute somme dont le payement est retardé porte intérêt de plein droit en faveur de la Compagnie à raison de 5 p. 0/0 par an à compter du jour de l'échéance sans demande en justice. — Mention des dispositions du présent article est faite au dos des titres des actions.

Art. 16. — Les actionnaires ne sont engagés que jusqu'à concurrence du capital de leurs actions; au delà tout appel de fonds est interdit.

Art. 17. — Les titres des actions sont signés par le gouverneur et un administrateur. Ils portent le timbre de la Société. Ils sont, au choix de l'actionnaire, nominatifs ou au porteur; mais le titre au porteur ne peut être délivré qu'après le versement intégral du montant de l'action.

Art. 18. — La transmission des titres nominatifs s'opère par le transfert rédigé en double original, dont l'un est signé par le cédant, et l'autre par le cessionnaire. Ces transferts sont remis à la Société, et mention en est faite au dos du titre par le gouverneur. — La Société peut exiger que la signature et la capacité des parties soient certifiées par un agent de change, et, dans ce cas, elle n'est pas responsable de la validité du transfert. — Les actions au porteur se transmettent par simple tradition.

Art. 19. — En cas de cession, la Société ne remet au cédant ses valeurs de garantie qu'après le transfert ou le dépôt, par le cessionnaire, d'une quantité suffisante de valeurs de la nature de celles désignées par l'article 6.

Art. 20. — Toute action est indivisible. La Société ne reconnaît qu'un propriétaire pour une action.

Art. 21. — Tout actionnaire peut déposer ses titres dans la caisse sociale et réclamer en échange un récépissé nominatif. — Le conseil d'administration détermine les conditions, le mode de délivrance, les frais de récépissé et ceux d'échange de titres.

Art. 22. — Chaque action donne droit dans la propriété de l'actif social et dans le partage des bénéfices à une part proportionnelle au nombre des actions émises. — Les dividendes de toute action, soit nominative, soit au porteur, sont valablement payés au porteur du titre.

Art. 23. — Les droits et obligations attachés à l'action suivent le titre, dans quelques mains qu'il passe. — La possession d'une action emporte de plein droit adhésion aux statuts de la Société et aux décisions de l'assemblée générale.

Art. 24. — Les héritiers ou créanciers d'un actionnaire ne peuvent, sous quelque prétexte que ce soit, provoquer l'apposition des scellés sur les biens et valeurs de la Société, en demander le partage ou la licitation, ni s'immiscer en aucune manière dans son administration. Ils doivent, pour l'exercice de leurs droits, s'en rapporter aux inventaires sociaux et aux délibérations de l'assemblée générale.

## TITRE III.

### *Direction, administration et surveillance de la Société.*

ART. 25. — La direction, l'administration et la surveillance des affaires de la Société du Crédit agricole sont confiées à un gouverneur et deux sous-gouverneurs, à un conseil d'administration et à un comité de censure.

#### SECTION PREMIÈRE.

### *Du gouverneur et des sous-gouverneurs.*

ART. 26. — Les fonctions de gouverneur et de sous-gouverneurs sont exercées par le gouverneur et les sous-gouverneurs du Crédit foncier de France. — Le gouverneur dirige les affaires de la Société et exerce ses droits conformément aux dispositions des présents statuts. — En cas d'absence, vacance ou maladie, il est remplacé par un des sous gouverneurs dans l'ordre fixé par leur nomination.

ART. 27. — Avant d'entrer en fonctions, le gouverneur doit justifier de la propriété de 100 actions, et chacun des sous-gouverneurs, de 50 actions. — Ces actions demeurent affectées, par privilége, à la garantie de leur gestion. — Elles sont inaliénables pendant la durée de leurs fonctions.

ART. 28. — Le directeur nomme et révoque les agents, fixe leurs traitements et pourvoit à l'organisation des services à Paris et dans les départements. — Il signe la correspondance, fait le recouvrement des sommes dues à la Société, signe toutes quittances et mainlevées qui en seraient la conséquence, l'endossement et l'acquit des effets, les mandats sur le Trésor, la Banque, la Caisse des consignations et toutes autres caisses où se trouveraient déposés des deniers appartenant à la Société. — Il exécute toutes les délibérations énoncées en l'article 40, et signe seul les actes qui en sont la conséquence. — Il fait tous actes conservatoires, et exerce les actions judiciaires, tant en demandant qu'en défendant. — Il signe les titres d'actions et ceux des valeurs émises par la Société. — Il peut se faire suppléer pour la correspondance, pour l'endossement des effets et les signatures d'aval, et exercer, par mandataires, tous les pouvoirs qui lui sont délégués pour un ou plusieurs objets déterminés.

#### SECTION DEUXIÈME.

### *Du conseil d'administration.*

ART. 29. — Le conseil d'administration se compose du gouverneur, des sous-gouverneurs et des administrateurs.

ART. 30. — Les administrateurs sont au nombre de vingt-deux. Ils sont nommés par l'assemblée générale des actionnaires. — Leurs fonctions durent cinq années. — Ils peuvent être réélus. — Leur remplacement s'opère de la manière suivante : cinq sortent la première année, cinq la seconde, quatre chacune des trois autres années, et dans la même proportion pour toutes les années suivantes. — Les membres sortants sont désignés par le. sort pour les cinq premières années, et ensuite par l'ordre d'ancienneté.

Art. 31. — Par dérogation à l'article qui précède, le premier conseil d'administration sera composé, outre le gouverneur et les sous-gouverneurs, de :

MM.

Banès, ✳, ancien directeur de la Compagnie du chemin de fer de Paris à Orléans, administrateur du Crédit foncier de France ;

Bartholony (François), ✳, président de la Compagnie du chemin de fer de Paris à Orléans, administrateur du Crédit foncier de France ;

Comte Benoist-d'Azy, ✳, ancien représentant, administrateur du Crédit foncier de France ;

Comte Branicki (Xavier), administrateur du Crédit foncier de France ;

Dailly, ✳, maître de poste à Paris, administrateur du Crédit foncier de France ;

Darblay aîné, O. ✳, ancien député, administrateur du Crédit foncier de France ;

Dumas, G. O. ✳, sénateur, membre de l'Institut, ancien ministre de l'agriculture et du commerce, administrateur du Crédit foncier de France ;

Firino, O. ✳, ancien receveur général, administrateur du Crédit foncier de France ;

Fontenilliat, O. ✳, receveur général de la Gironde, régent de la Banque de France, administrateur du Crédit foncier de France ;

Fould (Adolphe), de la maison B.-L. Fould et Cie, administrateur du Crédit foncier de France ;

Hailig, O. ✳, ancien président de la Chambre des notaires de Paris, administrateur du Crédit foncier de France ;

Hély-d'Oissel, ✳, ancien conseiller d'État, administrateur du Crédit foncier de France ;

Latimier du Clésieux, O. ✳, receveur général des finances des Côtes-du-Nord, administrateur du Crédit foncier de France ;

Magne (Alfred), ✳, receveur général du Loiret, administrateur du Crédit foncier de France ;

Charles Mallet, de la maison Mallet frères, administrateur du Crédit foncier de France ;

Mosselman (Alfred), administrateur de la Vieille-Montagne ;

Pereire (Émile), O. ✳, administrateur du Crédit mobilier, président de la Compagnie des chemins de fer du Midi, administrateur du Crédit foncier de France ;

Vicomte de Rainneville, ✳, ancien conseiller d'État, administrateur du Crédit foncier de France ;

Thibault, ✳, ancien notaire à Paris, administrateur du Crédit foncier de France ;

West, ✳, ancien président de la Compagnie du chemin de fer de Strasbourg à Bâle, administrateur du Crédit foncier de France ;

Wolowski, O. ✳, membre de l'Institut, ancien représentant, professeur de législation industrielle au Conservatoire des arts et métiers, administrateur du Crédit foncier de France.

Ces membres sont autorisés à compléter le nombre fixé ci-dessus.

Art. 32. — En cas de vacance d'une place dans son sein, le conseil y pourvoit provisoirement. — L'assemblée générale, lors de sa première réunion, procède à l'élection définitive. — L'administrateur ainsi nommé ne demeure en fonctions que pendant le temps qui restait à courir de l'exercice de son prédécesseur.

Art. 33. — Le renouvellement du premier conseil ne commencera qu'à l'expiration de la sixième année sociale. — Il s'opérera suivant le mode établi en l'article 30.

Art. 34. — Chaque administrateur doit, dans la huitaine de sa nomination, déposer dans la caisse de la Société 50 actions qui restent inaliénables pendant la durée de ses fonctions.

Art. 35. —. Les fonctions des administrateurs sont gratuites. — Les membres du conseil d'administration reçoivent des jetons de présence dont l'assemblée générale fixe la valeur.

Art. 36. — Le gouverneur préside le conseil. — En cas de partage, sa voix est prépondérante. — Les sous-gouverneurs assistent aux séances du conseil avec voix délibérative.

Art. 37. — Le conseil d'administration se réunit au siége social aussi souvent que l'intérêt de la Société l'exige, et au moins deux fois par mois.

Art. 38. — Les noms des membres présents sont constatés en tête du procès-verbal de chaque séance. — Aucune résolution ne peut être délibérée sans le concours de neuf votants au moins. — Néanmoins le conseil peut déléguer tout ou partie de ses pouvoirs à un ou plusieurs de ses membres, par un mandat spécial pour des objets déterminés, ou pour un temps limité.

Art. 39. —. Les délibérations sont constatées par des procès-verbaux inscrits sur un registre tenu au siége de la Société et signés par le gouverneur et un administrateur. — Les copies et extraits de ces délibérations à produire en justice ou ailleurs seront certifiés par le gouverneur.

Art. 40. —. Le conseil délibère sur les affaires de la Société autres que celles réservées exclusivement au gouverneur, notamment sur tous traités, transactions, compromis, emplois de fonds, appels de fonds sur les actions, transferts de rentes sur l'État et autres valeurs, achats de créances et autres droits incorporels appartenant à ses débiteurs, cessions des mêmes droits avec ou sans garantie, désistements d'hypothèques, abandons de tous droits réels ou personnels, mainlevées d'oppositions ou d'inscriptions hypothécaires sans payement, actions judiciaires, tant en demandant qu'en défendant, sur toutes acquisitions, aliénations d'immeubles, emprunts et constitutions d'hypothèques. — Le conseil délibère également sur l'organisation du Crédit agricole dans les départements, sur les règlements de son régime intérieur, sur l'extension à donner aux opérations de la Société. Il détermine, sur la proposition du gouverneur, les personnes qui doivent être admises au bénéfice de l'escompte ou de la garantie de la Société. — Il autorise toutes autres opérations prévues par l'article 2. — Il délibère sur les comptes annuels à soumettre à l'assemblée générale, ainsi que sur la fixation du dividende; enfin sur les propositions à faire à cette assemblée, relativement à l'augmentation du fonds social, aux modifications à faire aux statuts, à la prolongation, et, s'il y a lieu, à la dissolution anticipée de la Société, ou à toutes fusions à faire avec d'autres sociétés. — Nulle délibération ne peut être exécutée si elle n'est approuvée par le gouverneur et revêtue de sa signature.

Art. 41. — Les membres du conseil d'administration ne contractent, à raison de leurs fonctions, aucune obligation personnelle. Ils ne répondent que de l'exécution de leur mandat.

SECTION TROISIÈME.

*Des censeurs.*

Art. 42. — Les censeurs sont au nombre de trois; ils sont nommés par l'assemblée générale. — Leurs fonctions durent trois années; ils se renouvellent par tiers; ils sont toujours rééligibles. — Le sort désigne les membres sortant les deux premières années. — En cas de décès ou retraite d'un des censeurs, il est pourvu immédiatement à son remplacement provisoire par les censeurs en exercice. — Les articles 32, 33, 34 et 35 des présents statuts sont applicables aux censeurs et administrateurs.

Art. 43. — Par dérogation à l'article précédent, les premiers censeurs sont :

MM.

Cotelle, O. ✳, notaire honoraire, censeur au Crédit foncier de France;

Darblay jeune, O. ✳, député au Corps législatif, censeur à la Banque de France, censeur au Crédit foncier de France;

Paravey, ✳, ancien conseiller d'État, censeur au Crédit foncier de France.

Art. 44. — Les censeurs sont chargés de veiller à la stricte exécution des statuts. — Ils assistent aux séances du conseil avec voix consultative; ils assistent également aux assemblées générales. — Ils examinent les inventaires et les comptes annuels, et présentent à ce sujet leurs observations à l'assemblée générale, lorsqu'ils le jugent à propos. — Les livres, la comptabilité, et généralement toutes les écritures, doivent leur être communiqués à toute réquisition. — Ils peuvent, à quelque époque que ce soit, vérifier l'état de la caisse et le portefeuille. — Ils ont le droit, quand leur décision est prise à l'unanimité, de requérir une convocation de l'assemblée générale.

SECTION QUATRIÈME.

*De l'assemblée générale.*

Art. 45. — L'assemblée générale, régulièrement constituée, représente l'universalité des actionnaires. — Elle se compose des membres du conseil d'administration et des quatre-vingts plus forts actionnaires dont la liste est arrêtée par le conseil d'administration vingt jours avant la réunion ordinaire ou extraordinaire de l'assemblée. — Peuvent seuls figurer sur cette liste les actionnaires inscrits, trois mois avant sa confection, sur les registres de la Société, soit comme propriétaires de titres nominatifs, soit comme ayant effectué le dépôt de titres au porteur dans la caisse sociale. — La liste est tenue à la disposition de tous les actionnaires qui veulent en prendre connaissance; elle porte, à côté du nom de chaque actionnaire, le nombre des actions qu'il possède. — Le jour de la réunion, elle est placée sur le bureau.

Art. 46. — Nul ne peut se faire représenter à l'Assemblée que par un mandataire membre de cette Assemblée.

Art. 47. — L'Assemblée générale se réunit de droit, chaque année, au siége de la Société, dans le courant du mois d'avril. — Elle se réunit, en outre, extraordinairement, toutes les fois qu'une délibération du Conseil, approuvée par le gouverneur, en reconnaît l'utilité.

Art. 48. — Les convocations sont faites, quinze jours avant la réunion, par un avis inséré dans deux journaux de Paris, désignés pour la publication des actes de Société.

Art. 49. — L'Assemblée est régulièrement constituée lorsque les membres présents sont au nombre de quarante, et réunissent dans leurs mains le dixième des actions émises.

Art. 50. — Si cette double condition n'est pas remplie sur une première convocation, il en est fait une seconde au moins à quinze jours d'intervalle. — Dans ce cas, le délai entre la convocation et le jour de la réunion est réduit à dix jours. — Les membres présents à la deuxième réunion délibèrent valablement, quels que soient leur nombre et celui de leurs actions, mais seulement sur les objets à l'ordre du jour de la première.

Art. 51. — L'Assemblée est présidée par le gouverneur. — Les fonctions de scrutateurs sont remplies par les deux plus forts actionnaires présents, et, sur leur refus, par ceux qui les suivent dans l'ordre de la liste, jusqu'à acceptation.

Art. 52. — Les délibérations sont prises à la majorité des voix des membres présents. — Chacun d'eux a autant de voix qu'il possède de fois 10 actions, sans que personne puisse en avoir plus de 5 en son nom personnel, ni plus de 10, tant en son propre nom que comme mandataire.

Art. 53. — Le gouverneur arrête l'ordre du jour, après avoir pris l'avis du Conseil. — Aucun autre objet que ceux à l'ordre du jour ne peut être mis en délibération.

Art. 54. — L'Assemblée générale entend le rapport du gouverneur sur la situation des affaires sociales. — Elle entend également les observations des censeurs. — Elle nomme les administrateurs et les censeurs toutes les fois qu'il y a lieu de les remplacer. — Elle délibère, lorsque la proposition lui en est soumise, sur l'augmentation du fonds social, sur l'extension à donner aux opérations de la Société, sur les modifications à faire aux statuts, sur la prolongation ou la dissolution anticipée de la Société, et généralement sur tous les cas qui n'auraient pas été prévus par les statuts.

Art. 55. — Les délibérations de l'Assemblée prises conformément aux statuts obligent tous les actionnaires, même absents, dissidents ou incapables.

Art. 56. — Les délibérations sont constatées par des procès-verbaux inscrits sur un registre spécial et signés par la majorité des membres composant le bureau. — Une feuille de présence, destinée à constater le nombre des membres assistant à l'Assemblée et celui de leurs actions, demeure annexée à la minute du procès-verbal; elle est revêtue des mêmes signatures.

Art. 57. — La justification à faire vis-à-vis des tiers, des délibérations de l'Assemblée, résulte des copies ou extraits certifiés conformes par le gouverneur.

## TITRE IV.

### OPÉRATIONS DE LA SOCIÉTÉ.

Art. 58. — Les conditions des opérations d'escompte, de garantie, de crédits et de prêts à faire par la Société, sont déterminées par le Conseil d'administration. — Il règle également la création des valeurs qu'elle est autorisée à émettre, et fixe les conditions de leur émission ; le tout, sous les restrictions et, stipulations résultant des articles 59, 60 et 61 ci-après.

Art. 59. — La Société n'escompte et ne garantit que des effets revêtus de deux signatures au moins. — Une de ces signatures doit être celle d'une des personnes admises au bénéfice de l'escompte et de la garantie de la Société, conformément à l'article 40 des présents statuts.

Art. 60. — Les ouvertures de crédits et les prêts assurés par un nantissement ou autres garanties spéciales peuvent être consentis sur une seule signature ; mais leur durée ne peut excéder trois ans. — Ils peuvent être renouvelés à leur échéance.

Art. 61. — L'exigibilité des valeurs émises par la Compagnie est limitée à cinq ans au plus. — La Société ne peut créer de titres inférieurs à 100 francs.

## TITRE V.

### INVENTAIRE ET COMPTES ANNUELS.

Art. 62. — L'année sociale commence le 1er janvier et finit le 31 décembre. — A la fin de chaque année sociale, un inventaire de l'actif et du passif est dressé par les soins du gouverneur. — Les comptes sont arrêtés par le Conseil d'administration. — Ils sont soumis à l'Assemblée générale des actionnaires, qui les approuve ou les rejette et fixe le dividende, après avoir entendu le rapport du gouverneur et les observations des censeurs.—Si les comptes ne sont pas approuvés séance tenante, l'Assemblée peut nommer des commissaires chargés de les examiner et de faire un rapport à la prochaine réunion. — Le premier inventaire ne sera dressé qu'après l'expiration de l'année qui suivra celle où la Société aura été constituée.

## TITRE VI.

### PARTAGE DES BÉNÉFICES.

Art. 63. — Sur les bénéfices nets réalisés, on prélève annuellement : 1o Cinq pour cent du capital versé sur les actions pour être distribué à tous les actionnaires ; 2o une somme qui ne peut excéder 20 p. 0/0 du surplus, affectée au fonds de réserve, dans la proportion déterminée par le Conseil d'administration. — Ce qui reste complète le dividende à répartir entre toutes les actions émises. — Le payement des dividendes se fait annuellement aux époques fixées par le Conseil d'administration. Néanmoins le Conseil peut autoriser, à l'expiration de chaque semestre, la distribution provisoire de 2 fr. 50 c. pour 100 francs sur le montant du versement fait en numéraire sur chaque action.

Art. 64. — Tout dividende qui n'est pas réclamé dans les cinq ans de son exigibilité est prescrit au bénéfice de la Société.

## TITRE VII.

### FONDS DE RÉSERVE.

Art. 65. — Le fonds de réserve se compose de l'accumulation des sommes produites par le prélèvement annuel opéré sur les bénéfices, en exécution de l'article 63. — Lorsque le fonds de réserve atteint la moitié du fonds social souscrit, le prélèvement affecté à sa création cesse de lui profiter. Il reprend son cours si la réserve vient à être entamée. — Le fonds de réserve est destiné à parer aux événements imprévus. — En cas d'insuffisance des produits d'une année pour fournir un dividende de 5 pour cent par action, la différence peut être prélevée sur le fonds de réserve. — L'emploi des capitaux appartenant au fonds de réserve est réglé par le Conseil d'administration.

## TITRE VIII.

### MODIFICATIONS AUX STATUTS.

**ART. 66.** — L'Assemblée générale peut, sur la proposition du gouverneur, et sauf l'approbation du Gouvernement, apporter aux statuts les modifications délibérées par le Conseil. — Elle peut notamment autoriser : 1º l'augmentation du capital social ; 2º l'extension des opérations de la Société ; 3º la prolongation de sa durée ; 4º toute fusion avec d'autres Sociétés. — Dans ces divers cas, les convocations doivent contenir l'indication sommaire de la réunion. — La délibération n'est valable qu'autant qu'elle réunit les deux tiers des voix des membres présents, et que l'Assemblée représente le cinquième au moins des actions émises. — En vertu de cette délibération, le gouverneur est de plein droit autorisé à demander au Gouvernement l'approbation des modifications adoptées, à consentir, d'accord avec le conseil, les changements qui seraient exigés, et à réaliser les actes qui doivent les consacrer.

## TITRE IX.

### DISSOLUTION. — LIQUIDATION.

**ART. 67.** — En cas de perte du quart du capital social souscrit, la dissolution de la Société peut être prononcée, avant l'expiration du délai fixé pour sa durée, par une décision de l'Assemblée générale. — Le Conseil d'administration, dans le cas de perte ci-dessus prévu, est tenu de soumettre à l'Assemblée générale la question de savoir s'il y a lieu de prononcer la dissolution. — Le mode de convocation et de délibération prescrit par l'article 66, pour les modifications aux statuts, est applicable à ce cas.

**ART. 68.** — A l'expiration de la Société, ou en cas de dissolution anticipée, l'Assemblée générale, sur la proposition du gouverneur, règle le mode de liquidation et nomme un ou plusieurs liquidateurs, avec pouvoir de vendre, soit aux enchères, soit à l'amiable, les biens, meubles et immeubles de la Société. — L'Assemblée générale est convoquée d'urgence pour régler le mode de liquidation, faire le choix des liquidateurs et déterminer leurs pouvoirs. — Les liquidateurs peuvent, en vertu d'une délibération de l'Assemblée générale, faire le transport à une autre Société des droits et engagements de la Société dissoute. — Pendant le cours de la liquidation, les pouvoirs de l'Assemblée générale se continuent comme pendant l'existence de la Société.

Art. 69.— Toutes les contestations qui peuvent s'élever entre les associés sur l'exécution des présents statuts sont soumises à la juridiction des tribunaux de Paris. — Les contestations touchant l'intérêt général et collectif de la Société ne peuvent être dirigées, soit contre le Conseil d'administration ou l'un de ses membres, soit contre le gouverneur, qu'au nom de la masse des actionnaires et en vertu d'une délibération de l'Assemblée générale. — Tout actionnaire qui veut provoquer une contestation de cette nature doit en faire, quinze jours au moins avant la prochaine Assemblée générale, l'objet d'une communication au gouverneur, qui est tenu de mettre la proposition à l'ordre du jour de cette Assemblée. — Si la proposition est repoussée par l'Assemblée, aucun actionnaire ne peut la reproduire en justice dans son intérêt particulier; si elle est accueillie, l'Assemblée générale désigne un ou plusieurs commissaires pour suivre la contestation. — Les significations auxquelles donne lieu la procédure sont adressées uniquement aux commissaires. — Aucune signification individuelle ne peut être faite aux actionnaires.

## TITRE X.

### PUBLICATION.

Art. 70. — Pour faire publier les présents statuts, tous pouvoirs sont donnés au porteur d'une expédition.

# 6ᵉ SECTION.

## Attributions, moyens, conditions et ressources de la Société du Crédit agricole. — Commentaires et annotations des Statuts.

---

**Attributions.** — Elles résultent : 1° de la convention passée entre les ministres de l'agriculture, du commerce et des travaux publics et des finances, et les fondateurs de la Société du *Crédit agricole;* convention approuvée par la loi du 28 juillet 1860 ;

2° Du décret du 16 février 1861, qui autorise la Société et approuve ses Statuts.

Ces attributions consistent à procurer des capitaux ou des crédits à l'agriculture et aux industries qui s'y rattachent, et à faire, avec une autorisation spéciale, toutes les opérations ayant pour but de favoriser le défrichement ou l'amélioration du sol.

Ces attributions, on le voit, participent de celles du Crédit foncier de France, mais en s'appliquant plus spécialement aux besoins de détail, aux entreprises qui peuvent s'effectuer dans un cercle plus restreint et pendant un temps moins long ; sous ce rapport, la Société du Crédit agricole peut être considérée tout à la fois comme la préface du Crédit foncier et comme son complément au point de vue de l'action utile que les opérations des deux Sociétés doivent exercer sur la propriété foncière et l'agriculture.

**Moyens, conditions, ressources.** — De l'examen des Statuts ressortira la situation de la Société sous ces trois rapports ; nous signalerons seulement dès à présent, comme une ressource préalable, celle résultant de la subvention temporaire et conditionnelle, pouvant s'élever annuellement à la somme de 400,000 francs, attribuée par la loi du 28 juillet 1860 à la Société du Crédit agricole et destinée à la couvrir des frais d'administration et à garantir les intérêts à 4 0/0 du capital social versé.

Avant de nous livrer à l'analyse des diverses dispositions qu'il est plus particulièrement utile de mettre en relief pour l'intelligence des Statuts, nous croyons devoir dire quelques mots sur le décret du 16 février, qui les a approuvés en autorisant la Société.

A la différence du décret du 26 juin 1854, qui place la Société du Crédit foncier dans les attributions exclusives du ministre .des finances, le décret du 16 février soumet la Société du *Crédit agricole* à un double contrôle, celui du ministre de l'agriculture, du commerce et des travaux publics, et celui du ministre des finances.

**1er contrôle.** — Le premier et le principal contrôle, celui du ministre de l'agriculture et du commerce, s'exerce de trois manières vis-à-vis de la Société, qui est tenue de remettre tous les six mois un état de situation en triple expédition. La première, au ministère même ; la seconde, à la Chambre du commerce, et la troisième, au greffe du tribunal de commerce de la Seine. Ces dispositions sont très-rationnelles, en ce sens que les opérations du Crédit agricole n'étant pas de nature à être constatées publiquement par la formalité de la transcription comme celles du Crédit foncier, il importait cependant qu'on pût être édifié sur la position des personnes avec la Société du Crédit agricole. L'état de situation remis à la Chambre du commerce et au greffe du tribunal de commerce atteint ce but. (Art. 3 du décret du 16 février 1861.)

Cette remise d'état de situation ne sera-t-elle faite qu'à la Chambre du commerce de Paris et au greffe du tribunal de commerce de la Seine? Ne serait-il pas utile que cette mesure fût étendue aux Chambres de commerce et aux greffes des tribunaux de commerce dans le ressort desquels la Société du Crédit agricole aura opéré? Sans cette extension, la mesure ne produirait que des résultats illusoires, car le plus grand nombre des opérations aura certainement lieu en dehors du département de la Seine. Comment serait-il possible, si cette restriction était maintenue, que de tous les points de la France on vînt se renseigner à la Chambre du commerce de Paris et au greffe du tribunal de commerce de la Seine? Cela n'est pas admissible, surtout si l'on considère que la nature des transactions auxquelles le Crédit agricole donnera lieu exigera plus de célérité dans l'accomplissement des formalités qui doivent les précéder.

En prescrivant la remise de cet état de situation en trois expéditions, le décret a eu certainement en vue un autre résultat que celui d'une surveillance ou d'une statistique semestrielle, car, sous ces deux rapports, l'état remis au ministre de l'agriculture, du com-

merce et des travaux publics suffirait ; mais la remise à la Chambre
du commerce et au greffe du tribunal de commerce a nécessairement
un autre objet que celui du contrôle direct des opérations de la Société et de leur constatation numérique ; c'est de satisfaire les divers
intérêts dont les éléments et l'action aboutissent à ces deux centres
importants : la Chambre du commerce et le greffe du tribunal de
commerce.

Enfin, en ne considérant la mesure que comme un moyen de propagation et de publicité, limiter ce moyen au département de la
Seine serait vouloir renfermer les opérations de la Société du Crédit
agricole dans un cercle trop étroit.

L'article 3 du décret présente donc une lacune qui pourra facilement être remplie, soit par un règlement d'administration publique (1), soit par une disposition spéciale qui accompagnera ou
.suivra la création de *sous-comptoirs d'agriculture*, maintenant à
l'étude, et que nous croyons définitivement résolue. Ces sous comptoirs d'agriculture seront, à l'égard des intérêts agricoles et vis-à-vis
de la Société, ce que le Sous-Comptoir des Entrepreneurs est pour
la construction des maisons vis-à-vis de la Société du Crédit foncier
de France.

Ces établissements, en même temps qu'ils formeront autant de
foyers d'action réchauffant les éléments agricoles de chaque contrée,
jusqu'alors plus ou moins inertes, seront un moyen de transition
pour les formalités nécessaires du crédit, en ménageant aux postulants des ressources qu'ils ne pourraient pas toujours trouver auprès
de simples correspondants, qui peuvent bien suffire au Crédit foncier de France, dont les rapports pour le service financier sont
considérablement facilités par l'intermédiaire des receveurs généraux et particuliers des finances, mais qui seraient insuffisants pour
les opérations du Crédit agricole comportant des détails de localités
et de personnes qui nécessitent une intervention active, immédiate,
que réaliseront très-heureusement, nous en sommes convaincus
d'avance, les sous-comptoirs d'agriculture.

A mesure que la Société du Crédit agricole entrera plus avant

---

(1) Un règlement d'administration publique est un décret délibéré en Conseil
d'Etat, conformément aux principes établis par l'acte constitutionnel du 22 frimaire an VIII, article 52 ; l'arrêté des consuls du 5 nivôse, même année, et de
l'ordonnance royale du 19 avril 1817, article 6 ; — une décision ministérielle ne
suffirait pas. (Cour de cassation, 10 mai 1854.)

dans la pratique de ses opérations, elle reconnaîtra l'utilité de ces centres d'action où viendront aboutir les demandes les plus importantes et sur lesquelles un correspondant ne pourrait quelquefois pas prendre de décision.

La pensée qui a présidé au décret du 16 février tient aux mêmes principes que celle qui a dicté le décret du 28 février 1852.

De même que la Société du Crédit foncier de France a largement embrassé les intérêts principaux de la propriété foncière, de même la Société du Crédit agricole a particulièrement pour objet de servir les intérêts accessoires de cette propriété, et cela, non pas seulement par le jeu ordinaire et routinier de la banque, mais par une appréciation réfléchie des ressources et de la situation des demandeurs de crédit. Or, cette appréciation est peut-être plus délicate encore pour la Société du Crédit agricole que pour la Société du Crédit foncier, car elle tient à des détails sur lesquels il est essentiel de s'arrêter, avec impartialité, et surtout ne pas oublier que si la Société agricole se sert de quelques-unes des formules pratiques de la banque, elle est au fond une institution économique, dont l'avenir ne peut se borner à leurs étroites limites. Nous croyons que c'est en vue de se rendre un compte fidèle de l'influence toute spéciale qu'on attend des opérations du Crédit agricole, que le décret du 16 février a prescrit le contrôle multiple dont nous continuons l'analyse.

**2ᶜ contrôle.** — C'est également sur la remise d'un état de situation que repose le contrôle du ministre des finances ; seulement le contrôle semble plus direct, puisque le ministre peut facultativement demander l'état de situation à telle époque qui lui convient. Le contrôle comprend aussi plus de détails dans les investigations, puisque en dehors du mouvement des opérations de la Société que présente l'état de situation, les délégués du ministre peuvent, quand bon leur semble, se faire représenter les livres, souches, comptes, documents, valeurs de caisse et de portefeuille de la Société. (Même décret, art. 4 et 5.)

L'extension de ce contrôle spécial s'explique par la situation particulière de la Société du Crédit agricole vis-à-vis de l'Etat, qui, par la loi du 28 juillet 1860, lui garantit un subside annuel de 400,000 francs pour faire face, pendant cinq ans, aux frais d'administration, que les bénéfices de la Société ne couvriraient pas, et assurer un intérêt de 4 0/0 aux capitaux versés.

## ANNOTATIONS ET COMMENTAIRES DES STATUTS.

De même que nous l'avons fait pour lés Statuts du Crédit foncier de France, nos observations ne comprendront dans ceux du Crédit agricole que les articles qui déterminent et règlent les conditions auxquelles sont ouverts des crédits aux exploitations de l'agriculture et aux industries agricoles.

Art. 2. — La Société a pour objet de procurer des capitaux ou des crédits à l'agriculture et aux industries qui s'y rattachent, en faisant ou en facilitant par sa garantie l'escompte ou la négociation d'effets exigibles au plus tard à 90 jours;

D'ouvrir des crédits ou de prêter à plus longue échéance, mais sans dépasser trois années, sur nantissement ou autre garantie spéciale;

De recevoir des dépôts, avec ou sans intérêts, sans pouvoir excéder deux fois le capital réalisé ou représenté par des titres déposés dans la caisse de la Société, conformément à l'article 9;

D'ouvrir des comptes courants;

D'opérer des recouvrements;

Et de faire, avec l'autorisation du Gouvernement, toutes autres opérations ayant pour but de favoriser le défrichement ou l'amélioration du sol, l'accroissement et la conservation de ses produits et le développement de l'industrie agricole.

Elle peut, pour les besoins de ses opérations, créer et négocier des titres dont l'époque d'exigibilité ne pourra dépasser cinq ans, mais seulement en représentation et dans les limites des crédits ou prêts opérés.

Cet article comprend non-seulement les agriculteurs propriétaires, mais aussi les fermiers, les colons partiaires, métayers et, en général, tous ceux dont le travail organisé d'une manière permanente a pour objet l'exploitation du sol.

Il comprend également toutes les industries qui se rattachent à ce travail, soit qu'elles en soient la conséquence immédiate, comme la vente et le commerce des grains, des vins, des fruits à leur état naturel; soit qu'elles résultent de la modification et de la transformation des produits, tels que : les farines et fécules, les alcools, les huiles, les plantes tinctoriales, les sucres, les soies, les toiles, les bois d'industrie, les sels, les cuirs; ou de l'exploitation d'une portion particulière du sol, comme les carrières de chaux, de plâtre, de pierres à construction ou de sable.

Enfin, le crédit de la Société peut être obtenu par toute personne qui se rattache à l'agriculture ou aux industries qui en dérivent, soit par sa profession personnelle, soit par la profession d'un des signataires des effets présentés à l'escompte, soit par la nature des marchandises données en nantissement.

OPÉRATIONS DE LA SOCIÉTÉ DU CRÉDIT AGRICOLE.

On peut, en prenant pour base les termes de l'article 2, distinguer les opérations de la Société en trois catégories :

1° *Escompte ou négociation ;*

2° *Crédit de trois ans au maximum avec hypothèque ou nantissement ;*

3° *Création de titres.*

**Escompte ou négociation.** — Il y aura lieu à *négociation* lorsqu'il s'agira d'un effet souscrit directement à un cultivateur ou passé à son ordre pour prix d'un produit vendu à un consommateur ou à un marchand. La négociation par la Société comprend aussi les warrants de marchandises déposées dans les magasins généraux (1).

Il y aura lieu à *escompte* s'il s'agit d'une traite ou d'une facture sur un acquéreur de denrées débité. Dans les deux cas d'escompte ou de négociation, le délai d'échéance des valeurs présentées ne pourra dépasser 90 jours.

La conséquence de ces opérations, plus ou moins fréquentes, d'escompte et de négociation sera de donner lieu à des recouvrements par comptes courants. Les crédités auront, en effet, tout intérêt à concentrer le mouvement de leurs affaires entre les mains de la Société, à laquelle ils pourront alors avoir recours directement jusqu'à concurrence de la somme fixée pour leur crédit, et en raison de l'importance des recouvrements qu'ils auront donnés à faire.

Comme le Crédit foncier, la Société du Crédit agricole peut recevoir des dépôts dans la proportion réglée par l'article ci-dessus. Quoique cet article ne mentionne pas l'emploi à faire des sommes déposées, il est vraisemblable de penser que, lorsque les dépôts sont faits avec intérêts, la Société peut les employer, comme le fait le Crédit foncier, jusqu'à concurrence de moitié, et pour un terme qui n'excède

---

(1) Le *warrant*, terme anglais qu'on traduit par *bulletin de gage*, est un titre dont la remise par simple endossement transmet un droit sur la marchandise constatée par le récépissé, comme garantie de l'emprunt fait par celui qui l'endosse. (*Guide pratique de l'Enregistrement*, p. 283.)

pas 90 jours, à des opérations spéciales au Crédit agricole. (V. sur la nature des dépôts et récépissés, p. 67.)

**Crédits de trois ans.** — Le maximum d'un prêt déterminé ou d'une ouverture de crédit est de trois ans; dans ce cas, le prêt ou le crédit a lieu sur *nantissement* ou sur une autre *garantie spéciale*.

*Nantissement.* — Le nantissement peut consister : soit en produits consignés, soit en titres constituant des marchés à livraisons périodiques ou encore des soumissions pour fournitures successives.

*Garantie spéciale.* — Cette garantie peut émaner d'un tiers qui se rend caution, ou du transport ou cession de droits certains, ou enfin d'une hypothèque. Dans ce dernier cas, l'établissement de l'hypothèque est moins rigoureux que pour les prêts à long terme du Crédit foncier. Ainsi l'hypothèque peut porter sur des immeubles de toute nature : biens de villes, propriétés rurales, moulins, usines agricoles, etc. — Elle n'a pas besoin d'être inscrite en première ligne. — Elle peut excéder la moitié de la valeur du gage. Les crédits sur hypothèque ou nantissement sont enregistrés au droit fixe de 2 fr. 20 c. (V. pour la demande de prêt hypothécaire, modèle n° VI.)

Indépendamment de ces opérations qui viennent d'être déterminées, la Société peut faire, avec l'autorisation du Gouvernement, toutes les opérations qui auraient pour but de favoriser le défrichement ou l'amélioration du sol, l'accroissement de ses produits et leur conservation, et enfin le développement de l'industrie agricole. Cette faculté, qui a produit de si heureux résultats au Crédit foncier de France, n'en réalisera pas de moins satisfaisants pour le Crédit agricole : — L'essai de divers systèmes de culture ; l'élève des bestiaux ; la préparation et la répartition des engrais ; la fabrication des instruments aratoires ; les institutions spéciales d'agriculture pratique, sont autant de sujets qui solliciteront l'intervention de la Société agricole au même degré que celle du Crédit foncier pour le drainage, les associations syndicales, les communes, les départements, le Sous-Comptoir des Entrepreneurs, etc.

**Création de titres.** — Ces opérations, à mesure qu'elles développeront sur plusieurs points différents l'action de la Société, nécessiteront l'emploi des nouveaux moyens de crédit prévus par le dernier alinéa de l'article 2, la création de titres. Ces titres représenteront, comme ressources pour la Société du Crédit agricole, ce que représentent les obligations ou lettres de gage du Crédit foncier; seulement, les bases sur lesquelles peuvent reposer ces titres étant d'une nature éventuelle et flottante, l'époque de leur exigibilité ne pourra dépasser cinq ans (Stat., art. 61) ; cette condition se trouvant en rapport avec la durée des prêts ou des ouvertures de crédit que fait la Société et qui ne peuvent excéder trois années. Ils ne pourront être inférieurs à 100 francs. (*Ibid.*)

Comme la Société du Crédit foncier, la Société du Crédit agricole ne peut émettre des titres que dans la proportion des crédits ouverts ou des prêts opérés par elle. C'est en se conformant à ce principe et conditions temporaires de durée que la Société doit émettre très-prochainement des *Bons* au porteur ou nominatifs, mais dont les époques d'émission et d'échéance seront calculées de manière à ce que ces valeurs spéciales ne fassent jamais défaut au courant des opérations.

Art. 58. — Les conditions des opérations d'escompte, de garantie, de crédits et de prêts à faire par la Société, sont déterminées par le Conseil d'administration.

Il règle également la création des valeurs qu'elle est autorisée à émettre, et fixe les conditions de leur émission. — Le tout sous les restrictions et stipulations résultant des articles 59, 60 et 61 ci-après.

C'est là certainement la partie la plus délicate des attributions de la Société, car on ne peut procéder, à l'égard des personnes et des choses qui touchent au Crédit agricole, de la même façon qu'à l'égard des choses et des personnes qui touchent au crédit industriel ou au crédit commercial. Si la situation d'une condition agricole n'offre pas, au premier aspect, la valeur apparente que présente un établissement industriel ou commercial, les éléments sur lesquels reposent ses ressources sont d'une nature moins variable; le principe de l'industrie agricole, lui-même, présente, à l'égard des personnes qui le font valoir, une garantie morale de plus; l'attrait de la spéculation s'alliant moins aux travaux agricoles, il y a plus de sécurité dans les engagements qui en dérivent. A ce point de vue, le Conseil d'administration prendra certainement en considération, non-seulement les ressources effectives, mais encore la consistance morale et personnelle des cultivateurs, propriétaires ou fermiers, qui auront recours au Crédit agricole.

Par une conséquence toute rationnelle de ce principe, que, pour être véritablement efficace, le Crédit agricole doit être accessible à tous les propriétaires ruraux, il résulte que, dans le cercle de ses opérations, la Société sera aussi favorablement disposée pour la petite comme pour la grande propriété, et que le cultivateur modeste, mais laborieux et intelligent, trouvera en elle cette assistance sympathique qui, appréciant, en même temps que la garantie immédiate, la plus-value de la terre améliorée par la ressource du crédit, permettra d'élever celui-ci dans une proportion toujours plus favorable.

Si, par ces sortes de transactions exceptionnelles, la Société du Crédit agricole est amenée à faire fléchir quelquefois la rigueur des règles et des usages en matière de banque, elle gagnera certainement en popularité dans les campagnes bien plus qu'elle n'aura risqué.

Art. 59. — La Société n'escompte et ne garantit que des effets revêtus de deux signatures au moins.

Une de ces signatures doit être celle d'une des personnes admises au bénéfice de l'escompte et de la garantie de la Société, conformément à l'article 40 des présents Statuts.

Pour rendre plus sensibles les observations assez importantes que comportent les dispositions de cet article, nous croyons devoir reproduire celles de l'article 40, auquel il en est référé :

Art. 40. — Le Conseil délibère sur les affaires de la Société autres que celles réservées exclusivement au gouverneur, notamment sur tous traités, transactions, compromis, emplois de fonds, appels de fonds sur les actions, transferts de rentes sur l'Etat et autres valeurs, achats de créances et autres droits incorporels appartenant à ses débiteurs, cessions des mêmes droits avec ou sans garantie, désistements d'hypothèques, abandons de tous droits réels ou personnels, mainlevée d'oppositions ou d'inscriptions hypothécaires sans payement, actions judiciaires, tant en demandant qu'en défendant, sur toutes acquisitions, aliénations d'immeubles, emprunts et constitutions d'hypothèques.

Le Conseil délibère également sur l'organisation du Crédit agricole dans les départements, sur les règlements de son régime intérieur, sur l'extension à donner aux opérations de la Société. Il détermine, sur la proposition du gouverneur les personnes qui doivent être admises au bénéfice de l'escompte ou de la garantie de la Société.

Il autorise toutes les autres opérations de la Société prévues par l'article 2.

Il délibère sur les comptes annuels à soumettre à l'Assemblée générale, ainsi que sur la fixation du dividende; enfin, sur les propositions à faire à cette Assemblée, relativement à l'augmentation du fonds social, aux modifications à faire aux Statuts, à la prolongation et, s'il y a lieu, à la dissolution anticipée de la Société, ou à toutes fusions à faire avec d'autres Sociétés.

Nulle délibération ne peut être exécutée si elle n'est approuvée par le gouverneur et revêtue de sa signature.

L'interprétation de cet article est nécessaire pour concilier ce qu'au premier abord semblent avoir de contradictoire les dispositions des articles 2 et 59.

En effet, l'article 2 dispose que : *la Société a pour objet de procurer des capitaux ou des crédits à l'agriculture et aux industries qui s'y rattachent, en faisant ou en facilitant par sa garantie l'escompte ou la négociation d'effets exigibles au plus tard à 90 jours.*

Rien de plus clair que cette énonciation ; elle reproduit parfaitement la pensée du décret du 16 février 1861, qui n'est lui-même qu'une conséquence du décret du 28 février 1852, pensée qui résume si bien ces termes que nous avons déjà eu l'occasion de rappeler : *Fournir à l'agriculture les fonds dont elle a besoin pour améliorer ses cultures et augmenter ses produits, et procurer à la propriété grevée de dettes hypothécaires un adoucissement à ses charges et un moyen de libération.*

Mais peut-être dira-t-on que cette pensée libérale semble restreinte par l'article 59, qui ne *procure des capitaux à l'agriculture* que sur *des effets revêtus de deux signatures au moins*, et encore faut-il qu'une de ces deux signatures émane *d'une des personnes admises au bénéfice de l'escompte et de la garantie de la Société.*

Il y a loin, il faut en convenir, de cet article 59 à l'article 2, qui promet des capitaux à l'agriculture, tout en faisant néanmoins à la prudence une part assez grande, puisqu'il n'admet que des effets exigibles *au plus tard à 90 jours.*

L'article 59 exige deux signatures *au moins,* et l'une des deux doit être déjà accréditée auprès de la Société, ce qui peut faire que le but spécial de l'institution du Crédit agricole, qui est de venir en aide à l'agriculture, disparaisse complétement sous la signature de l'accrédité ; car celui-ci, se réglant, non sur les besoins du solliciteur, mais sur sa solvabilité apparente, donnera sa signature ou la refusera, suivant qu'il aura intérêt à prendre l'une ou l'autre de ces deux résolutions. Il pourrait arriver ainsi que tout le bienfait que le cultivateur devait espérer du Crédit agricole s'effaçât sous les sacrifices obligés ou les embarras entretenus par les intermédiaires qu'impose l'article 59.

Si l'agriculture, et il faut entendre par là la généralité des cultivateurs, ne pouvait pas facilement et directement s'adresser au Crédit agricole ; s'il lui fallait n'arriver à lui qu'en passant par des intermédiaires de banque et de courtage, on n'aurait fait que déplacer la question de ses souffrances au lieu de la résoudre, car ce ne serait qu'avec défiance que le pauvre cultivateur irait en quête d'une signature qu'il courrait le risque de ne pas obtenir gratuitement.

Ces craintes, nous ne les croyons pas fondées, et, si les termes de l'article 59 pouvaient faire naître quelques doutes sur la manière plus ou moins facile de procéder en matière d'escompte auprès de la Société, nous en trouverions le correctif, ou plutôt l'interprétation favorable, dans les dispositions générales de l'article 40, que nous avons ici avec intention mis, pour ainsi dire, en parallèle.

Cet article résume en lui toute l'économie de l'institution du Crédit agricole; il est à la fois le point de départ des opérations prévues de la Société et le point de recours pour celles imprévues, et aussi pour les modifications qu'il pourrait être nécessaire d'apporter à l'organisation générale. Par lui le Conseil d'administration représente le principe de la Société, dont le gouverneur dirige l'action.

Le deuxième alinéa de cet article nous semble surtout répondre d'une manière complète aux observations que nous avons consignées plus haut : « *Le Conseil délibère également sur l'organisation du Crédit agricole dans les départements. — Il détermine, sur la proposition du gouverneur, les personnes qui doivent être admises au bénéfice de l'escompte ou de la garantie de la Société.*

L'organisation du Crédit agricole dans les départements aura pour effet d'établir des rapports directs entre l'agriculteur et la Société; nous avons déjà dit que ces rapports, qui ne pourraient exister que d'une manière incomplète par l'intermédiaire des correspondants, seraient heureusement favorisés par l'établissement de sous-comptoirs d'agriculture. Le choix d'un correspondant peut être très-convenable sous le rapport de la capacité et de la position sociale, mais, par l'indépendance qu'il réserve, il laisse à l'intérêt personnel toute son action, et c'est d'après cet intérêt qu'il est à craindre que le correspondant n'agisse, plutôt qu'en vue du développement de l'institution du Crédit agricole au profit de l'agriculture; il fera des affaires, il en fera même de bonnes, grâce à son titre de correspondant de la Société, mais elles seront certainement moins en harmonie avec le principe de l'institution que celles venant par l'intermédiaire des sous-comptoirs d'agriculture.

Ainsi on arrivera implicitement à l'organisation prévue par l'article 40. Alors le cultivateur viendra directement auprès du sous-comptoir, lequel le présentera au bénéfice de l'escompte ou de la garantie de la Société.

Maintenant, que la Société ait des correspondants pour le plus grand développement de ses opérations, surtout celles imprévues; que ces correspondants se fassent une spécialité de cette position; qu'ils soient des intermédiaires utiles, consultés dans certaines occasions, nous le comprenons : ils peuvent rendre des services tout en conservant leur indépendance. Mais qu'ils ne soient pas les agents indispensables entre l'agriculteur qui sollicite et une Société qui doit aller, pour ainsi dire, au-devant des besoins de l'agriculture ; que leur signature, nécessaire, si l'on veut, comme formalité, ne soit pas déterminante du crédit qu'on doit au cultivateur, dont la situation explique et justifie suffisamment la démarche.

Art. 60. — Les ouvertures de crédits et les prêts assurés par un nantissement ou autres garanties spéciales peuvent être consentis sur une seule signature; mais leur durée ne peut excéder trois ans.

Ils peuvent être renouvelés à leur échéance.

Les effets présentés, soit à la négociation, soit à l'escompte, appartiennent à une nature de valeurs flottantes dont l'origine ne peut toujours être établie ; de là l'exigence de deux signatures au moins, celle du souscripteur et celle du crédité, et la restriction de l'échéance à 90 jours. La Société se contente d'une seule signature pour les ouvertures de crédit et les prêts sur nantissement ou autres garanties spéciales.

Le caractère certain du nantissement, la valeur facile à vérifier, soit de l'hypothèque, soit du cautionnement ou de la cession de droits liquides qui constituent, ainsi que nous l'avons déjà fait remarquer, les garanties spéciales, sont les motifs déterminants de cette disposition de l'article 60.

Quoique ne pouvant excéder trois ans, ces crédits seront d'une grande ressource pour l'organisation de la culture et son amélioration dans les contrées où les produits sont plus facilement livrés au commerce ; ils pourront d'ailleurs être renouvelés et procureront ainsi, par ce mode de prorogation, un avantage équivalent à celui des prêts à court terme faits par le Crédit foncier de France. Il est probable que cette facilité de renouvellement sera également, suivant les circonstances, étendue aux valeurs d'escompte et de négociation.

Quant à ce qui regarde le taux de l'intérêt, de l'escompte et de la commission auquel seront réalisées les diverses opérations du Crédit agricole, s'il n'en est point question dans les Statuts de la Société, nous pensons qu'elle se réserve de le fixer ultérieurement, suivant les circonstances et les localités, et toujours en rapport avec les principes d'économie généreuse qui ont été si heureusement appliqués par le Crédit foncier de France.

# 7ᵉ SECTION

## Lois et décrets.

---

28 Février 1852.

*Décret sur les Sociétés de crédit foncier.*

### TITRE PREMIER.

#### DES SOCIÉTÉS DE CRÉDIT FONCIER.

Article 1er. — Des Sociétés de crédit foncier, ayant pour objet de fournir aux propriétaires d'immeubles qui voudront emprunter sur hypothèque la possibilité de se libérer au moyen d'annuités à long terme, peuvent être autorisées par décret du Président de la République, le Conseil d'État entendu.

Elles jouissent alors des droits et sont soumises aux règles déterminées par le présent décret.

Art. 2. — L'autorisation est accordée, soit à des Sociétés d'emprunteurs, soit à des Sociétés de prêteurs.

Art. 3. — Les Sociétés sont restreintes à des circonscriptions territoriales que le décret d'autorisation déterminera.

Art. 4. — Les Sociétés de crédit foncier ont le droit d'émettre des obligations ou lettres de gage.

Art 5. — Pour faciliter les premières opérations des Sociétés, l'État et les départements peuvent acquérir une certaine quantité de ces lettres de gage.

La loi de finances fixera, chaque année, le maximum des sommes que le Trésor pourra affecter à cet emploi.

La répartition en sera faite par le décret d'autorisation de chaque Société.

Le même décret déterminera, en outre, la part qui sera attribuée à 1 Société sur le fonds de 10 millions affecté à l'établissement des institutions de crédit foncier par l'article 7 du décret du 22 janvier dernier.

## TITRE II.

### DES PRÊTS FAITS PAR LES SOCIÉTÉS DE CRÉDIT FONCIER.

Art. 6. — Les Sociétés de crédit foncier ne peuvent prêter que sur première hypothèque (1).

Sont considérés comme faits sur première hypothèque les prêts au moyen desquels tous les créanciers antérieurs doivent être remboursés en capital et intérêts.

Dans ce cas, la Société conserve entre ses mains valeur suffisante pour opérer ce remboursement.

Art. 7. — Le prêt ne peut, en aucun cas, excéder la moitié de la valeur de la propriété ; le minimum du prêt sera fixé par les statuts.

Art. 8. — Nul prêt ne peut être réalisé qu'après l'accomplissement des formalités prescrites par le titre IV du présent décret, pour purger : 1° les hypothèques légales, sauf le cas de subrogation par la femme à cette hypothèque (2) ; 2° les actions résolutoires ou rescisoires, et les priviléges non inscrits (3).

S'il survient une inscription pendant les délais de la purge, l'acte conditionnel est nul et non avenu (4).

Art. 9. — Lorsque l'hypothèque légale est inscrite, le prêt ne peut être réalisé qu'après la mainlevée donnée, soit par la femme non mariée sous le régime dotal, soit par le subrogé tuteur du mineur ou de l'interdit, en vertu d'une délibération du Conseil de famille.

Art. 10. — L'emprunteur acquitte sa dette par annuités. Il a toujours le droit de se libérer par anticipation, soit en totalité, soit en partie.

Art. 11. — L'annuité comprend nécessairement :

1° L'intérêt stipulé, qui ne peut excéder 5 pour 100.

2° La somme affectée à l'amortissement, laquelle ne peut être supérieure à 2 pour 100, ni inférieure à 1 pour 100 du montant du prêt (5).

3° Les frais d'administration, ainsi que les taxes déterminées par les Statuts ;

Art. 12. — En cas de non-payement des annuités, la Société, indépendamment des droits qui appartiennent a tout créancier, peut recourir aux moyens d'exécution déterminés par le titre IV du présent décret,

---

(1) Cette disposition a été modifiée par l'article 3 de la loi du 10 juin 1853, pour le cas où les immeubles seraient grevés d'hypothèque de garantie, d'éviction ou de rentes viagères (V. p. 142).

(2) La purge a été rendue facultative par l'article 2 de la loi du 10 juin 1853 (V. p. 142).

(3) Les actions résolutoires ou rescisoires et les priviléges non inscrits ne peuvent plus être purgés, depuis que l'article 8 de la loi du 10 juin 1853 a abrogé l'article 24 du présent décret.

(4) V. l'art. 4 de la loi du 10 juin 1853 (p. 142).

(5) Cette disposition a été modifiée par le décret du 28 mars 1852 (V. p. 142).

# TITRE III.

### DES OBLIGATIONS ÉMISES PAR LES SOCIÉTÉS DE CRÉDIT FONCIER.

Art. 13. — Les obligations ou lettres de gage des Sociétés de crédit foncier sont nominatives ou au porteur.

Les obligations nominatives sont transmissibles par voie d'endossement, sans autre garantie que celle qui résulte de l'article 1693 du Code Napoléon.

Art. 14. — La valeur des lettres de gage ne peut dépasser le montant des prêts.

Elles ne sont émises qu'après avoir été visées par le notaire et enregistrées.

Le visa est donné gratuitement par le notaire dépositaire de la minute de l'acte de prêt.

Il est fait mention sur la minute du nombre et du montant des lettres de gage visées.

Les lettres de gage doivent être enregistrées en même temps que l'acte du prêt (1).

L'enregistrement des lettres de gage à lieu au droit fixe de 10 cent.

Art. 15. — Il ne peut être créé des lettres de gage inférieures à 100 francs.

Art. 16. — Les lettres de gage portent intérêt.

Dans le courant de chaque année, il est procédé à leur remboursement au prorata de la rentrée des sommes affectées à l'amortissement.

Art. 17. — Les porteurs de lettres de gage n'ont d'autre action, pour le recouvrement des capitaux et intérêts exigibles, que celle qu'ils peuvent exercer directement contre la Société.

Art. 18. — Il n'est admis aucune opposition au payement du capital et des intérêts, si ce n'est en cas de perte de la lettre de gage (2).

---

(1) Les dispositions des alinéa 2, 3, 4 et 5 de l'article 14 sont abrogées. (Voir décret du 6 juillet 1854. p. 144.)

(2) V. Loi du 8 nivôse an VI, art. 4 : « Il ne sera plus reçu à l'avenir d'opposition sur le « tiers conservé de la dette publique inscrite ou à inscrire. « — V. également la loi du 22 floréal an VII, art. 7.

## TITRE IV.

### DES PRIVILÉGES ACCORDÉS AUX SOCIÉTÉS DE CRÉDIT FONCIER POUR LA SURETÉ ET LE RECOUVREMENT DU PRÊT.

---

### CHAPITRE PREMIER.

*De la purge (Loi du 10 juin 1853) (1).*

« Art. 19. — Pour purger les hypothèques légales connues, la signi-
« fication d'un extrait de l'acte constitutif d'hypothèque au profit de la
« Société du crédit foncier doit être faite :

« A la femme et au mari ;

« Au tuteur et au subrogé tuteur du mineur ou de l'interdit ;

« Au mineur émancipé et à son curateur.

« A tous les créanciers non inscrits ayant hypothèque légale.

« Art. 20. — L'extrait de l'acte constitutif d'hypothèque contient, sous
« peine de nullité, la date du contrat, les nom, prénoms, profession et do-
« micile de l'emprunteur, la désignation de la situation de l'immeuble,
« ainsi que la mention du montant du prêt.

« Il contient, en outre, l'avertissement que, pour conserver vis-à-vis
« de la Société du crédit foncier le rang de l'hypothèque légale, il est
« nécessaire de la faire inscrire dans les quinze jours, à partir de la signi-
« fication, outre les délais de distance.

« Art. 21. — La signification doit être remise à la personne de la femme,
« si l'emprunteur est son mari.

« Néanmoins la signification peut être faite au domicile de la femme, si
« celle-ci, sous quelque régime que le mariage ait été contracté, a été
« présente au contrat de prêt, et si elle a reçu du notaire l'avertissement
« que, pour conserver vis-à-vis de la Société de crédit foncier le rang de
« son hypothèque légale, elle est tenue de la faire inscrire dans les quinze
« jours, à dater de la signification, outre les délais de distance.

« L'acte de prêt doit faire mention de cet avertissement, sous peine de
« nullité de la purge à l'égard de la femme.

« Art. 22. — Si la femme n'a pas été présente au contrat ou n'a pas reçu
« l'avertissement du notaire, et si la signification n'a été faite qu'à domi-
« cile, les formalités nécessaires pour la purge des hypothèques légales
« inconnues doivent, en outre, être remplies.

« Art. 23. — Si l'emprunteur est, au moment de l'emprunt, tuteur d'un

---

(1) Les articles indiqués par des guillemets ont été substitués à l'ancien texte.

« mineur ou d'un interdit, la signification est faite au subrogé tuteur et au
« juge de paix du lieu dans lequel la tutelle s'est ouverte.

« Dans la quinzaine de cette signification, le juge de paix convoque le
« Conseil de famille en présence du subrogé tuteur.

« Ce Conseil délibère sur la question de savoir si l'inscription doit être
« prise. Si la délibération est affirmative, l'hypothèque est inscrite par le
« subrogé tuteur, sous sa responsabilité, par les parents ou amis du
« mineur, ou par le juge de paix, dans le délai de quinzaine de la délibé-
« ration.

« Art. 24—Pour purger les hypothèques légales inconnues, l'extrait de
« l'acte constitutif d'hypothèque doit être notifié au procureur impérial
« près le tribunal de l'arrondissement du domicile de l'emprunteur, et au
« procureur impérial près le tribunal de l'arrondissement dans lequel
« l'immeuble est situé.

« Cet extrait doit être inséré, avec la mention des significations faites,
« dans l'un des journaux désignés pour la publication des annonces judi-
« ciaires de l'arrondissement dans lequel l'immeuble est situé.

« L'inscription doit être prise dans les quarante jours de cette inser-
« tion (1).

« Art. 25. — La purge est opérée par le défaut d'inscription dans les
« délais fixés par les articles précédents.

« Elle confère à la Société de crédit foncier la priorité sur les hypothè-
« ques légales.

« Cette purge ne profite pas aux tiers, qui demeurent assujettis aux
« formalités prescrites par les articles 2193, 2194 et 2195 du Code Napo-
« léon. »

## CHAPITRE II.

### DES DROITS ET MOYENS D'EXÉCUTION DE LA SOCIÉTÉ CONTRE LES EMPRUNTEURS.

Art. 26. — Les juges ne peuvent accorder aucun délai pour le payement
des annuités.

Art. 27. — Ce payement ne peut être arrêté par aucune opposition.

Art. 28. — Les annuités non payées à l'échéance produisent intérêt de
plein droit.

Il peut, en outre, être procédé par la Société au séquestre et à la vente

---

(1) Cet article est abrogé par le décret du 10 juin 1853. Par conséquent, les priviléges civils
résultant de l'article 2101 du Code Napoléon peuvent être exercés, s'il y a insuffisance de mobilier
et en cas d'expropriation sur l'immeuble, et en diminuer plus ou moins le prix au préjudice de
l'inscription de la Société. Cet inconvénient devient d'autant plus à redouter que l'immeuble dont
l'expropriation est poursuivie est de moindre valeur ; car, dans ce cas, les priviléges généraux
pourraient absorber le prix.

des biens hypothéqués, dans les formes et aux conditions prescrites par les articles suivants.

### § 1. — DU SÉQUESTRE.

Art. 29. — En cas de retard du débiteur, la Société peut, en vertu d'une ordonnance rendue sur requête par le président du tribunal civil de première instance, et quinze jours après une mise en demeure, se mettre en possession des immeubles hypothéqués, aux frais et risques du débiteur en retard.

Art. 30. — Pendant la durée du séquestre, la Société perçoit, nonobstant toute opposition ou saisie, le montant des revenus ou récoltes, et l'applique par privilége à l'acquittement des termes échus d'annuités et des frais.

Ce privilége prend rang immédiatement après ceux qui sont attachés aux frais faits pour la conservation de la chose, aux frais de labours, et de semences et aux droits du Trésor pour le recouvrement de l'impôt.

Art. 31. — En cas de contestation sur le compte du séquestre, il est statué par le tribunal comme en matière sommaire.

### § 2. — DE L'EXPROPRIATION ET DE LA VENTE.

Art. 32. — Dans le même cas de non-payement d'une annuité, et toutes les fois que, par suite de la détérioration de l'immeuble ou pour toute cause indiquée dans les Statuts, le capital intégral est devenu exigible, la vente de l'immeuble peut être poursuivie.

S'il y a contestation, il est statué par le tribunal de la situation des biens, comme en matière sommaire.

Le jugement n'est pas susceptible d'appel.

Art. 33. — Pour parvenir à la vente de l'immeuble hypothéqué, la Société de crédit foncier fait signifier au débiteur un commandement dans la forme prévue par l'article 673 du Code de procédure civile. Ce commandement est transcrit au bureau des hypothèques de la situation des biens.

A défaut de payement dans la quinzaine, il est fait, dans les semaines qui suivent la transcription dudit commandement, six insertions dans l'un des journaux indiqués par l'article 42 du Code de commerce (1), et deux appositions d'affiches à quinze jours d'intervalle.

Les affiches seront placées :

Dans l'auditoire du tribunal du lieu où la vente doit être effectuée ;

---

(1) Le nombre de ces insertions a été réduit à trois. L'intervalle entre chaque insertion doit être au moins de dix jours. (Loi du 10 juin 1855, art. 6.)

A la porte de la mairie du lieu où les biens sont situés, et sur la propriété, lorsqu'il s'agit d'un immeuble bâti.

La première apposition est dénoncée dans la huitaine au débiteur et aux créanciers inscrits, au domicile par eux élu dans l'inscription, avec sommation de prendre communication du cahier des charges.

Quinze jours après l'accomplissement de ces formalités, il est procédé à la vente aux enchères, en présence du débiteur, ou lui dûment appelé, devant le tribunal de la situation des biens ou de la plus grande partie des biens.

Néanmoins le tribunal, sur requête présentée par la Société avant la première insertion, peut ordonner que la vente aura lieu, soit devant un autre tribunal, soit en l'étude d'un notaire du canton ou de l'arrondissement dans lequel les biens sont situés. Ce jugement n'est pas susceptible d'appel. Il ne peut y être formé d'opposition que dans les trois jours de la signification qui doit en être faite au débiteur, en y ajoutant le délai de distance.

Art. 34. — A compter du jour de la transcription du commandement, le débiteur ne peut aliéner au préjudice de la Société les immeubles hypothéqués, ni les grever d'aucuns droits réels.

Art. 35. — Le commandement, les exemplaires du journal contenant les insertions, les procès-verbaux d'apposition d'affiches, la sommation de prendre communication du cahier des charges et d'assister à la vente, sont annexés au procès-verbal d'adjudication.

Art. 36. — Les dires et observations doivent être consignés sur le cahier des charges, huit jours au moins avant celui de la vente. Ils contiennent constitution d'un avoué, chez lequel domicile est élu de droit, le tout à peine de nullité.

Le tribunal est saisi de la contestation par acte d'avoué à avoué. Il statue sommairement et en dernier ressort, sans qu'il puisse en résulter aucun retard de l'adjudication.

Art. 37. — Si, lors de la transcription du commandement, il existe une saisie antérieure pratiquée à la requête d'un autre créancier, la Société de crédit foncier peut, jusqu'au dépôt du cahier d'enchères, et après un simple acte signifié à l'avoué poursuivant, faire procéder à la vente, d'après le mode indiqué dans les articles précédents.

Si la transcription du commandement n'est requise par la Société qu'après le dépôt du cahier d'enchères, celle-ci n'a plus que le droit de se faire subroger dans les poursuites du créancier saisissant, conformément à l'article 722 du Code de procédure civile.

Il n'est accordé, si la Société s'y oppose, aucune remise d'adjudication.

En cas de négligence de la part de la Société, le créancier saisissant a le droit de reprendre ses poursuites.

Art. 38. — Dans la huitaine de la vente, l'acquéreur est tenu d'acquitter, à titre de provision, dans la caisse de la Société, le montant des annuités dues.

Après les délais de surenchère, le surplus du prix doit être versé à ladite caisse, jusqu'à concurrence de ce qui lui est dû, nonobstant toutes oppositions, contestations et inscriptions des créanciers de l'emprunteur, sauf néanmoins leur action en répétition, si la Société avait été indûment payée à leur préjudice (1).

Art. 39. — Si la vente s'opère par lots ou qu'il y ait plusieurs acquéreurs non cointéressés, chacun d'eux n'est tenu, même hypothécairement, vis-à-vis de la Société que jusqu'à concurrence de son prix.

Art. 40. — La surenchère a lieu conformément aux articles 708 et suivants du Code de procédure civile.

Dans le cas de vente devant notaire, elle doit être faite au greffe du tribunal dans l'arrondissement duquel l'adjudication a été prononcée.

Art. 41. — Lorsqu'il y a lieu à folle enchère, il y est procédé suivant le mode indiqué par les articles 33, 34, 35, 36 et 37 du présent décret.

Art. 42. — Tous les droits énumérés dans le présent chapitre peuvent être exercés contre les tiers détenteurs, après dénonciation du commandement fait au débiteur.

Les poursuites commencées contre le débiteur sont valablement continuées contre lui, jusqu'à ce que les tiers auxquels il aurait aliéné les immeubles hypothéqués se soient fait connaître à la Société. Dans ce cas, les poursuites sont continuées contre les tiers détenteurs sur les derniers errements, quinze jours après la mise en demeure (2).

## TITRE V.

### DISPOSITIONS GÉNÉRALES.

Art. 43. — Les Sociétés de crédit foncier sont placées sous la surveillance du ministre de l'intérieur, de l'agriculture et du commerce et du ministre des finances (3).

Le choix des directeurs est soumis à l'approbation du ministre de l'intérieur, de l'agriculture et du commerce (4).

Art. 44. — Il est interdit aux Sociétés de faire d'autres opérations que celles prévues par le présent décret.

---

(1) Ces dispositions sont rendues applicables à tout acquéreur, soit sur aliénation volontaire, soit sur saisie immobilière, par l'article 7 de la loi du 10 juin 1853.

(2) Les Sociétés de crédit foncier peuvent user contre l'emprunteur de ces droits et de ces voies d'exécution, même pour le recouvrement des sommes qu'elles remboursent à un créancier inscrit, afin d'être subrogées à son hypothèque. (L. du 10 juin 1855, art. 5.)

(3) Voir le décret du 26 juin 1854, qui place le Crédit foncier dans les attributions du ministre des finances (pag. 143).

(4) La direction des affaires du Crédit foncier de France est aujourd'hui exercée par un gouverneur auquel sont adjoints deux sous-gouverneurs. Ces fonctionnaires sont nommés par l'Empereur. Décret du 6 juillet 1854, art. 1, 2, 3, 4, 5. (V. p. 144.)

Art. 45. — Elles sont admises à déposer leurs fonds libres au Trésor, aux conditions déterminées par le gouvernement.

Art. 46. — Les fonds des incapables et des communes peuvent être employés en achat de lettres de gage.

Il en est de même des capitaux disponibles appartenant aux établissements publics ou d'utilité publique, dans tous les cas où ces établissements sont autorisés à les convertir en rentes sur l'État.

Art. 47. — Les inscriptions hypothécaires prises au profit des Sociétés de crédit foncier sont dispensées, pendant toute la durée du prêt, du renouvellement décennal prescrit par l'article 2154 du Code civil.

Art. 48. — Les Statuts approuvés conformément aux dispositions de l'article 1er indiquent principalement :

1° Le mode suivant lequel il doit être procédé à l'estimation de la valeur de la propriété ;

2° La nature des propriétés qui ne peuvent être admises comme gage hypothécaire, et le minimum du prêt qui peut être fait sur chaque nature de propriété ;

3° Le maximum des prêts qui peuvent être faits au même emprunteur ;

4° Les tarifs pour le calcul des annuités ;

5° Le mode et les conditions des remboursements anticipés ;

6° L'intervalle à établir entre le payement des annuités par les emprunteurs et le payement des intérêts du capital par la Société ;

7° Le mode d'émission et de rachat et le mode de remboursement des lettres de gage avec ou sans primes, ainsi que le mode d'annulation des lettres de gage remboursées ;

8° La constitution d'un fonds de garantie ou d'un fonds de réserve ;

9° Les cas où il y aura lieu à dissolution de la Société, ainsi que les formes et conditions de la liquidation ;

10° Les cautionnements et autres garanties à exiger des directeurs, administrateurs et employés de la Société, ainsi que le mode de leur nomination.

Art. 49. — Un règlement d'administration publique (1) détermine notamment :

1° Le mode suivant lequel est exercée la surveillance de la gestion et de la comptabilité ;

2° La publicité périodique à donner aux états de situation et aux opérations sociales ;

3° Le tarif particulier des honoraires dus aux officiers publics appelés

---

(1) Un règlement a été fait sous la date du 18 octobre 1852; mais il se trouve abrogé, dans la plus grande partie de ses dispositions, par le décret du 6 juillet 1854, qui a organisé sur de nouvelles bases le Crédit foncier de France.

à concourir aux divers actes auxquels peut donner lieu l'établissement des Sociétés de crédit foncier.

Art. 50. — Le ministre de l'intérieur, de l'agriculture et du commerce, et le ministre des finances, sont chargés, chacun en ce qui le concerne, de l'exécution du présent décret.

---

## 28 Mars 1852.

### *Décret relatif à la durée des annuités.*

Vu le décret du 28 février 1852,

Considérant que, pour faciliter la constitution des Sociétés de crédit foncier, il peut être utile de ne point soumettre les emprunteurs aux prescriptions absolues du paragraphe 2 de l'article 15 du décret susvisé,

Décrète :

Art. 1er. — Le gouvernement réglera, pour chaque Société de crédit foncier, les limites extrêmes de la durée des annuités au moyen desquelles devra s'opérer l'extinction de la dette (1).

Art. 2. — Le ministre de l'intérieur, de l'agriculture et du commerce, est chargé de l'exécution du présent décret.

---

## 10 Juin 1853.

### *Loi qui modifie le décret du 28 février 1852.*

Article 1er. — Le chapitre 1er du titre IV du décret du 28 février 1852 est modifié ainsi qu'il suit. (Voir le nouveau texte, page 134.)

Art. 2. — La purge rendue obligatoire pour les Sociétés de crédit foncier par l'art. 8 du décret du 28 février 1852 est désormais facultative.

Art. 3. — Si l'immeuble est grevé d'inscriptions pour hypothèques consenties à raison de garantie d'éviction ou de rentes viagères, la Société de crédit foncier peut néanmoins prêter, pourvu que le montant du prêt, réuni aux capitaux inscrits, n'excède pas la moitié de la valeur de l'immeuble, conformément à l'art. 7 du décret du 28 février 1852.

Art. 4. — L'hypothèque consentie au profit d'une Société de crédit fon-

---

(1) Cette durée est aujourd'hui fixée à 10 ans au moins, et 60 ans au plus. (Statuts, art. 51, pag. 51.) La Société du Crédit foncier est, en outre, autorisée à faire des prêts à court terme, avec ou sans amortissement. (Statuts, art. 1 et 51.)

cier, par le contrat conditionnel de prêt, prend rang du jour de l'inscription, quoique les valeurs soient remises postérieurement.

Art. 5. — Les Sociétés de crédit foncier peuvent user, contre l'emprunteur, des droits et des voies d'exécution qui leur sont attribués par le décret du 28 février 1852 et la présente loi, même pour le recouvrement des sommes qu'elles remboursent à un créancier inscrit, afin d'être subrogées à son hypothèque.

Art. 6. — Le nombre des insertions exigées par l'art. 33 du décret du 28 février 1852 est réduit à trois.

L'intervalle de temps entre chaque insertion doit être au moins de dix jours.

Art. 7. — Les dispositions de l'art. 38 du même décret sont applicables à tout acquéreur, soit sur aliénation volontaire, soit sur saisie immobilière.

Art. 8. — L'art. 24 du décret du 28 février 1852 est abrogé.

------

26 Juin 1854.

*Décret qui place les Sociétés de crédit foncier dans les attributions du ministre des finances.*

NAPOLÉON, etc.,

Vu les décrets des 28 février et 18 octobre 1852, qui placent les Sociétés de crédit foncier dans les attributions du ministère de l'agriculture, du commerce et des travaux publics, en appelant le ministre des finances à concourir à la surveillance de ces Sociétés ;

Considérant qu'il importe de soumettre ces Sociétés à une autorité et à une surveillance uniques ;

Considérant que la création, sous le nom de CRÉDIT FONCIER DE FRANCE, d'une Société générale qui doit réunir des capitaux considérables a donné aux établissements de crédit foncier le caractère d'institutions financières,

Avons décrété et décrétons ce qui suit :

Article 1er. — Les Sociétés de crédit foncier sont placées dans les attributions de notre ministre secrétaire d'État au département des finances, auquel sont dévolues, en conséquence, les attributions conférées à notre ministre secrétaire d'État au département de l'agriculture, du commerce et des travaux publics, par les décrets des 28 février et 18 octobre 1852.

Art. 2. — Notre ministre secrétaire d'État au département des finances, et notre ministre secrétaire d'État au département de l'agriculture, du commerce et des travaux publics, sont chargés de l'exécution du présent décret.

6 juillet 1854.

*Décret relatif à la nouvelle organisation du crédit foncier de la France.*
NAPOLÉON, etc.,

Vu les décrets des 28 février, 28 mars, 18 octobre et 31 décembre 1852 sur les Sociétés de crédit foncier ;

Vu les décrets des 28 mars et 10 décembre 1852, et 21 décembre 1853, qui ont institué la Société du CRÉDIT FONCIER DE FRANCE ;

Vu les décrets des 30 juillet 1852 et 22 mars 1853, qui ont approuvé les statuts de cette Société ;

Vu la délibération, en date du 26 juin 1854, du Conseil d'administration de la Société, agissant en vertu des pouvoirs qu'il a reçus de l'Assemblée générale des actionnaires,

Notre Conseil d'État entendu,

Avons décrété et décrétons ce qui suit :

## TITRE Ier.

### DE LA DIRECTION GÉNÉRALE DU CRÉDIT FONCIER DE FRANCE.

Article 1er. — La direction des affaires du CRÉDIT FONCIER DE FRANCE est exercée par un gouverneur.

Le gouverneur nomme et révoque les agents ; il préside le Conseil d'administration et l'Assemblée générale des actionnaires ; il vise les lettres de gage : nulle délibération ne peut être exécutée si elle n'est approuvée par lui et revêtue de sa signature.

Art. 2. — Deux sous-gouverneurs exercent les fonctions qui leur sont déléguées par le gouverneur, et remplissent, dans l'ordre de leur nomination, les fonctions de gouverneur, en cas de vacance, absence ou maladie.

Art. 3. — Le gouverneur et les deux sous-gouverneurs sont nommés par l'Empereur.

Art. 4. — Avant d'entrer en fonctions, le gouverneur doit justifier de la propriété de 200 actions du CRÉDIT FONCIER DE FRANCE, et chacun des deux sous-gouverneurs de la propriété de 100 actions.

Art. 5. — Le gouverneur reçoit, de la Société du CRÉDIT FONCIER DE FRANCE, un traitement annuel de 40,000 fr. ; les deux sous-gouverneurs reçoivent un traitement de 20,000.

## TITRE II.

### DES CONDITIONS DU PRÊT.

Art. 7. — Les maxima fixés par les décrets des 10 décembre 1852 et

21 décembre 1853, relativement au taux de l'annuité à servir par les emprunteurs, sont supprimés ; les conditions de prêts à faire par la Société sont celles qui résultent des décrets des 28 février et 28 mars 1852, relatifs aux Sociétés de crédit foncier.

Le taux des frais d'administration sera réglé lors de la révision des états.

Art. 8. — Indépendamment des prêts remboursables par annuités, la Société est autorisée à affecter à des prêts hypothécaires, à court terme et sans amortissement, les capitaux qui proviendront de la réalisation de son o nds social et de ses bénéfices.

## TITRE III.

### DISPOSITIONS GÉNÉRALES.

Art 9. — Des décrets spéciaux, rendus sur la proposition du Conseil d'administration et dans la forme des règlements d'administration publique, ordonnent la création ou la suppression des succursales, dont les attributions sont déterminées par les statuts.

Art. 10. — Sont annulées, en ce qui concerne la Société du CRÉDIT FONCIER DE FRANCE, les dispositions des décrets antérieurs qui seraient contraires à celles du présent décret.

Art. 11. — Les statuts du CRÉDIT FONCIER DE FRANCE seront modifiés conformément aux dispositions du présent décret.

Art 12. — Notre ministre d'État, etc.

---

### 16 août 1859.

*Décret qui approuve les modifications apportées aux statuts du Crédit foncier de France.*

NAPOLÉON, etc.,

Sur le rapport de notre ministre secrétaire d'État au département des finances ;

Vu le décret du 28 février 1852 sur la Société du *Crédit foncier;*

Vu le décret du 28 mars 1852 autorisant la constitution d'une Société de crédit foncier dans les sept départements du ressort de la Cour d'appel de Paris ;

Vu le décret du 30 juillet suivant, qui approuve les statuts de la Société anonyme formée en exécution dudit décret du 28 mars 1852, sous la dénomination de BANQUE FONCIÈRE DE PARIS ;

Vu le décret du 18 octobre 1852 ;

Vu le décret du 10 décembre 1852, qui a étendu à tous les départements où il n'existait pas de Société de crédit foncier le privilége de la Société créée en vertu du décret du 28 mars 1852, lui a accordé la faculté de s'incorporer, avec approbation du gouvernement, les Sociétés établies, et a substitué à son titre celui de : CRÉDIT FONCIER DE FRANCE;

Vu le décret du 22 mars 1853 qui a approuvé diverses modifications apportées aux statuts de la Société;

Vu le décret du 21 décembre 1853, prescrivant d'autres modifications;

Vu le décret du 6 juillet 1854, relatif à la nouvelle organisation du *Crédit foncier de France*, et portant que ses statuts seront modifiés conformément aux dispositions dudit décret;

Vu le décret du 28 juin 1856, approuvant les modifications aux statuts proposées par l'assemblée générale des actionnaires de ladite Société, à la date des 29 décembre 1853 et 5 août 1854, et les délibérations de son Conseil d'administration, à la date des 26 juin 1854 et 5 mars 1856;

Vu la délibération du Conseil d'administration de la Société du *Crédit foncier de France*, à la date des 20 et 29 décembre 1858, 26 janvier 1859, et les délibérations de l'assemblée générale de ladite Société, à la date du 27 avril 1859,

Notre Conseil d'État entendu,

Avons décrété et décrétons ce qui suit :

Art. 1er. — Les modifications apportées aux statuts du *Crédit foncier de France* sont approuvées telles qu'elles sont contenues dans le projet ci-annexé.

Art. 2. — Notre ministre secrétaire d'État au département des finances est chargé de l'exécution du présent décret, qui sera publié au *Bulletin des Lois*, inséré au *Moniteur* et dans un journal judiciaire du département de la Seine.

Fait au palais des Tuileries, le 16 août 1859.

Signé : NAPOLÉON.

---

11 janvier 1860.

*Décret qui étend au territoire de l'Algérie le privilége accordé au Crédit foncier de France par les décrets des 28 mars et 10 décembre 1852.*

NAPOLÉON, etc.,

Sur le rapport de notre ministre secrétaire d'État au département de l'Algérie et des Colonies;

Vu notre décret du 28 février 1852 sur les Sociétés de crédit foncier;

Vu notre décret du 28 mars 1852, relatif à la constitution de la Banque foncière de Paris;

Vu notre décret du 30 juillet 1852, qui approuve les statuts de la Banque foncière de Paris;

Vu notre décret du 10 décembre 1852, qui a substitué le nom de *Crédit foncier de France* au nom de *Banque foncière de Paris*, et a étendu le privilége de la Société;

Vu notre décret du 22 mars 1853, qui approuve diverses modifications apportées aux statuts de la Société;

Vu la loi du 10 juin 1853, qui modifie le chapitre I^er du titre IV du décret du 28 février 1852, relatif à la purge;

Vu notre décret du 21 décembre 1853, qui prescrit des modifications aux statuts;

Vu notre décret du 26 juin 1854, qui place les Sociétés de crédit foncier dans les attributions du ministre des finances;

Vu notre décret du 6 juillet 1854, relatif à la nouvelle organisation du Crédit foncier de France;

Vu notre décret du 28 juin 1856, qui approuve des modifications aux statuts;

Vu la loi du 19 juin 1857, concernant les avances sur dépôt d'obligations foncières faites par la Société du Crédit foncier de France;

Vu notre décret du 16 août 1859, qui approuve des modifications aux statuts;

Vu la délibération du Conseil d'administration de la Société du Crédit foncier de France, à la date du 9 novembre 1859;

Notre Conseil d'État entendu,

Avons décrété et décrétons ce qui suit :

Art. 1^er. — Le privilége accordé au Crédit foncier de France par nos décrets des 28 mars et 10 décembre 1852 est étendu au territoire de l'Algérie.

Art. 2. — Les prêts qui seront faits par le Crédit foncier de France aux propriétaires d'immeubles situés en Algérie ne pourront dépasser 5 pour 100 de la totalité des prêts qui auront été effectués sur le territoire continental de la France.

Cette proportion ne pourra être augmentée que par un décret rendu dans la forme des règlements d'administration publique, sur la demande du Conseil d'administration du Crédit foncier, approuvée par l'Assemblée générale des actionnaires.

Art. 3. — Les prêts sont réalisés en numéraire; ils seront remboursables par annuités, comprenant :

1° L'intérêt; 2° la somme nécessaire pour amortir la dette dans le délai de trente ans au plus; 3° les frais d'administration.

Le taux de l'intérêt ne pourra dépasser 8 pour 100, et l'allocation pour frais d'administration n'excédera pas 1 fr. 20 c.

Pour les emprunts d'une durée de moins de trente ans, l'annuité sera établie sur les mêmes bases que ci-dessus.

Art. 4. — Dans tous les cas de remboursements anticipés, l'indemnité allouée à la Société par l'article 63 des statuts est fixée à 50 centimes pour 100.

Art. 5. — Pendant toute la durée du privilége de la Société, les bureaux de l'administration du Crédit foncier seront établis à Alger, dans une maison dont la jouissance gratuite lui sera assurée par le ministre de l'Algérie et des Colonies.

Pendant le même temps, les agents du Crédit foncier auront droit au transport gratuit des côtes de France aux côtes de l'Algérie.

Art. 6. — Nos ministres secrétaires d'État au département de l'Algérie et des Colonies et des finances sont chargés de l'exécution du présent décret, qui sera publié au *Bulletin des Lois*, inséré au *Moniteur*, au *Bulletin officiel du ministère de l'Algérie et des Colonies*, et dans un journal judiciaire du département de la Seine.

---

19 mai 1860.

*Loi qui substitue la Société du Crédit foncier de France au Comptoir d'escompte de Paris, pour toutes les opérations de ce comptoir avec le sous-comptoir des entrepreneurs de bâtiments.*

Article 1er. — La Société du Crédit foncier de France est substituée au Comptoir d'escompte de Paris, pour toutes les opérations qu'il a été autorisé à effectuer avec le Sous-Comptoir des entrepreneurs de bâtiments, par les décrets des 24 mars et 4 juillet 1848.

Art. 2. — La Société du Crédit foncier jouira, à cet effet, des priviléges et garanties accordés au Comptoir d'escompte par décrets des 24 mars, 4 juillet et 23 août 1848, et par la loi du 6 juin 1857.

---

6 juillet 1860.

*Loi qui autorise la Société du Crédit foncier de France à prêter aux départements, aux communes et aux associations syndicales les sommes qu'ils auraient obtenu la faculté d'emprunter.*

Article 1er. — La Société du Crédit foncier de France est autorisée à prêter, dans les conditions ci-après, aux départements, aux communes et aux associations syndicales, les sommes qu'ils auraient obtenu la faculté d'emprunter.

Art. 2.—Les prêts sont consentis avec ou sans affectation hypothécaire, et remboursables, soit à long terme, par annuités, soit à court terme, avec ou sans amortissement.

Art. 3. — Ils sont réalisables en numéraire.

Art. 4. La commission allouée au Crédit foncier, pour frais d'administration, ne peut excéder 45 c. pour 100 francs par an.

Art. 5. — En représentation des prêts et jusqu'à concurrence de leur montant, le Crédit foncier est autorisé à créer et à négocier des obligations, en se conformant aux règles établies au titre V de ses statuts.

Ces obligations jouiront de tous les droits et priviléges attachés aux obligations foncières ou lettres de gage par les lois et décrets concernant le Crédit foncier.

Art. 6. — Les créances provenant des prêts aux communes, aux départements et aux associations syndicales, sont affectées, par privilége, au payement des obligations créées en vertu de la présente loi.

Les créances provenant des prêts hypothécaires demeurent affectées, par privilége, au payement des obligations créées en représentation de ces prêts.

Art. 7. — Le Crédit foncier pourra, avant la réalisation des prêts qui sont l'objet de la présente loi, émettre des titres provisoires pour une somme qui n'excédera pas 5 millions.

Art. 8. — Le chiffre des actions émises par le Crédit foncier sera maintenu dans la proportion de 1/20 au moins des obligations ou titres en circulation.

Art. 9. — En cas de remboursement par anticipation, l'indemnité à payer par le débiteur est fixée à 50 c. pour 100 francs, soit demi 0/0 du capital remboursé.

Par dérogation à l'article 63 des statuts du Crédit foncier, cette règle est applicable à toutes les opérations faites par le Crédit foncier.

---

28 juillet 1860.

*Loi approuvant la convention passée entre LL. Exc. le Ministre de l'agriculture, du commerce et des travaux publics, et le Ministre des finances, et les fondateurs de la Société du* CRÉDIT AGRICOLE.

ARTICLE UNIQUE.

Sont approuvés les articles 2 et 3 de la convention passée entre l'État et les fondateurs de la Société du Crédit agricole, stipulant au profit de la Société, pendant les cinq premières années seulement, et en cas d'insuffisance des bénéfices annuels, une subvention destinée à la couvrir des frais d'administration et à garantir les intérêts à 4 0/0 du capital social versé, sans que la somme ainsi payée puisse excéder annuellement le chiffre de quatre cent mille francs (400,000 fr.), et sous les conditions contenues auxdits articles.

---

16 février 1861.

*Décret portant autorisation de la Société du* CRÉDIT AGRICOLE.

NAPOLÉON, etc.,

Sur le rapport de notre ministre de l'agriculture, du commerce et des travaux publics ;

Vu les articles 29 à 37, 40 et 45 du Code de commerce ;

Notre Conseil d'État entendu,

Avons décrété et décrétons ce qui suit :

Article 1er. — La Société anonyme formée à Paris sous la dénomination de *Crédit agricole* est autorisée.

Sont approuvés les statuts de ladite Société, tels qu'ils sont contenus dans l'acte passé les 1er et 2 février 1861, devant Me Turquet et son collègues, notaires à Paris, lequel acte restera annexé au présent décret.

Art. 2. — La présente autorisation pourra être révoquée en cas de violation ou de non-exécution des statuts approuvés, sans préjudice des droits des tiers.

Art. 3.— La Société sera tenue de remettre tous les six mois un extrait de son état de situation au ministre de l'agriculture, du commerce et des travaux publics, à la Chambre de commerce et au greffe du tribunal de commerce de la Seine.

Art. 4. — En outre, la Société devra fournir au ministre des finances, sur sa demande ou à des époques périodiques par lui déterminées, les mêmes états présentant la situation de ses comptes et de son portefeuille, ainsi que le mouvement de ses opérations.

Art. 5. — La gestion de la Société pourra être soumise à la vérification des délégués du ministre des finances, toutes les fois que celui-ci le jugera convenable. Il sera donné à ces délégués communication des registres des délibérations, ainsi que de tous les livres, souches, comptes, documents et pièces appartenant à la Société : les valeurs de caisse et de portefeuille leur seront représentées.

Art. 6. — Nos ministres des finances et de l'agriculture, du commerce et des travaux publics sont chargés, chacun en ce qui le concerne, de l'exécution du présent décret, qui sera publié au *Bulletin des lois*, inséré au *Moniteur* et dans un journal d'annonces judiciaires du département de la Seine, et enregistré avec l'acte d'association au greffe du tribunal de commerce de la Seine.

# 8ᵉ SECTION.

## Formules, Modèles et Tableaux.

# DEMANDE DE PRÊT.

Le soussigné (*nom, prénoms, profession, domicile*) demande au CRÉDIT FON-CIER DE FRANCE un prêt de (*la somme*), réalisable en (*indiquer ici la nature et le nombre d'obligations au pair de* 500 *francs, soit à l'intérêt de 4 p. 0/0 et participation à quatre tirages de* 800,000 *francs de lots par année, soit à 5 p. 0/0 d'intérêt sans lots*), et remboursable en (*le nombre d'années*), par un nombre égal d'annuités comprenant à la fois l'intérêt, la somme nécessaire à l'amortissement du capital et l'allocation pour frais d'administration, s'obligeant à payer les frais et déboursés nécessités par la demande, même dans le cas où le prêt n'aurait pas lieu, notamment les frais de l'estimation du gage, sans pouvoir, dans aucun cas, réclamer la remise du procès-verbal d'estimation.

Le soussigné déclare (*le postulant énonce ici sa position civile : s'il est marié ou veuf, tuteur ou comptable de deniers publics ; dans le premier cas, il produira son contrat de mariage, ou, s'il est marié sans contrat et postérieurement à la loi du* 18 *juillet* 1850, *l'acte de célébration de son mariage.*)

Le soussigné offre en garantie les biens dont la désignation suit : (*désigner les biens article par article, indiquer leur situation et leur contenance.*)

Ces immeubles sont d'une valeur de (*indiquer la valeur vénale*). Ils sont grevés comme charges et servitudes de (*énoncer la nature des charges et servitudes*).

A l'appui de sa demande, le soussigné produit, comme établissant son droit de propriété, les pièces suivantes : (*les énumérer*) *ou :* s'engage à produire les titres établissant son droit de propriété dans le délai d'un mois, passé lequel, si la production n'a pas été complète, la présente demande sera considérée comme non avenue (1).

Fait à              , le

(Signature.)

(*Indication du notaire de l'emprunteur.*)

---

(1) Les pièces à produire se composent de : 1° les titres de propriété personnels au postulant et remontant à ses auteurs ; 2° la copie certifiée de la matrice cadastrale et du plan cadastral ; 3° les baux ou l'état des locations, s'il en existe, avec indication des fermages et loyers payés d'avance (il convient de produire les anciens baux avec les baux courants) ; 4° la déclaration des revenus et des charges, conforme aux modèles fournis par l'administration, selon qu'il s'agit d'une propriété urbaine ou d'une propriété rurale ; 5° la cote des contributions de l'année courante, ou, à son défaut, celle de la dernière année ; 6° la police d'assurance contre l'incendie, s'il en existe ; 7° un état d'inscription constatant la situation hypothécaire de l'immeuble tant sur l'emprunteur que sur ses auteurs, dans le cas où celui-ci serait propriétaire à titre d'héritier ou de légataire, ou en vertu de tout autre titre non sujet à la transcription.

# ACTE CONDITIONNEL DE PRÊT.

Par-devant M<sup>e</sup>

*Ont comparu :*

M. (*On met ici les noms, prénoms et qualités du Gouverneur ou du Sous-Gouverneur ; si c'est un mandataire, on énonce le mandat qui reste annexé, le mandataire agisssant et stipulant au nom du*), Gouverneur du Crédit foncier de France, Société anonyme, ayant son siége à Paris, rue Neuve-des-Capucines, n° 10, où il demeure d'une part ;

Et M. (*nom, prénoms et qualités du mari et de la femme*) et M<sup>me</sup>
, son épouse, qu'il autorise, demeurant ensemble à

d'autre part,

Lesquels ont arrêté ce qui suit :

Article 1er. — Le Crédit foncier de France prête à M. et à M<sup>me</sup>
ce acceptant une somme de
qui leur sera remise (*délai d'un mois, si l'emprunteur est dispensé de la purge, autrement calculer les délais nécessaires*) au siége de la Société, à Paris, sous la condition prévue par l'art. 18 ci-après. Ce prêt sera réalisé en obligations foncières émises par la Société, au capital de
chacune ; rapportant (*soit 4 p. 0/0 d'intérêts, et alors elles participeront aux lots trimestriels, soit 5 p. 0/0, et elles ne participeront pas à ces lots*). Ces obligations seront données au pair avec jouissance des intérêts seulement à partir du jour de la résiliation, c'est-à-dire que la Société retiendra la somme applicable aux intérêts *et au service des lots* (*soit 4 fr. 51 c. 0/0*) pour le temps couru depuis la dernière échéance semestrielle jusqu'à cette époque.

Art. 2. — **Libération. — Annuités.** — M. et M<sup>me</sup>
se libéreront du montant du prêt ci-dessus en                   années, compter du 31 janvier au 31 juillet qui suivra l'époque fixée pour la remise des fonds, par                   annuités de                   chacune, comprenant, outre la somme affectée à l'amortissement, l'intérêt à raison de
0/0 par année et l'allocation annuelle de 60 centimes par 100 francs du montant du prêt, pour frais d'administration.

M. et M<sup>me</sup>                         s'obligent solidairement à payer lesdites annuités au Crédit foncier de France, en numéraire, moitié le 31 janvier et moitié le 31 juillet de chaque année, à Paris, au siége de la Société, ou
à                         entre les mains soit de M.
soit de toute autre personne qui serait désignée par la Société un mois au moins
à l'avance, et d'effectuer le payement vingt jours avant l'échéance du semestre.

Le premier semestre écherra et sera payé le 31                         186   .

Art. 3. — Tout semestre non payé à l'échéance portera intérêt de plein droit
et sans mise en demeure, sur le pied de 5 0/0 par an, conformément à l'art. 61
des statuts.

Il en sera de même de toute avance faite par la Compagnie, notamment pour
primes payées aux Compagnies d'assurances, et pour frais tendant, soit à la
régularisation, soit au recouvrement de la créance, soit à l'entretien ou à la
conservation des immeubles hypothéqués.

Art. 4. — **Indivisibilité.** — La créance de la Compagnie est stipulée indivisible, et pourra être réclamée en totalité de chacun des héritiers des débiteurs,
conformément au paragraphe 5 de l'art. 1221 du Code Napoléon, à moins que la
Compagnie ne consente formellement, soit à diviser les annuités dans la proportion
des parts héréditaires, soit à n'en recevoir le payement que de l'un des héritiers
ou de quelques-uns d'entre eux.

Art. 5. — **Remboursements anticipés.** — Conformément à l'art. 63 des
statuts, M. et M<sup>me</sup>                         auront le droit de se libérer par anticipation, en tout ou en partie.

Si le remboursement anticipé est effectué en obligations foncières de la Compagnie, il devra avoir lieu en obligations de même nature que celles remises
aux emprunteurs (*énoncer ici celles faisant partie de l'émission dite des
200 millions, et rapportant 4 0/0 d'intérêts avec participation aux tirages
des lots, ou celles produisant un intérêt au moins égal à celui du prêt ci-
dessus consenti, émises jusqu'à ce jour et à émettre jusqu'au* 1<sup>er</sup> *janvier 186   .*)

Tout remboursement anticipé donne droit, au profit de la Compagnie, à une
indemnité calculée sur le principal de la somme remboursée. Cette indemnité,
payable en numéraire, est fixée à un demi pour cent.

Art. 6. — Tout remboursement partiel donne lieu à une réduction proportionnelle dans le chiffre des intérèts et de la somme destinée à l'amortissement.

Les frais d'administration sont eux-mêmes réduits de la quotité correspondant au capital remboursé par anticipation.

Le remboursement partiel ne comprend d'autres fractions que des centièmes
du capital restant dû, sans que la somme remboursée puisse être inférieure au
vingtième de ce capital.

Le compte devra toujours être établi à l'expiration du semestre courant, dont M. et M^me        devront le montant intégral, sous la déduction de l'intérêt du capital remboursé au taux fixé par le contrat de prêt, depuis le jour du payement jusqu'à la fin du semestre.

ART. 7. — M. et M^me        se soumettent, sous la solidarité ci-dessus, à toutes les obligations et aux moyens d'exécution résultant, soit du décret du 28 février 1852 et de la loi du 10 juin 1853, soit des statuts de la Société, dont un extrait imprimé, en ce qui concerne les conditions des prêts, a été remis à M. et M^me        qui le reconnaissent.

ART. 8. — **Affectation hypothécaire.** — A la sûreté et garantie des sommes dont ils seront débiteurs envers la Compagnie, en capital, intérêts, frais et autres accessoires, tels qu'indemnités en cas de remboursements anticipés, primes d'assurances, intérêts de retard et intérêts des avances faites par la Compagnie, et enfin de l'exécution de toutes les obligations résultant pour eux du présent contrat,

M. et M^me        affectent et hypothèquent spécialement :

**Désignation.** (*Désigner séparément chacun des immeubles hypothéqués par sa nature; bâtiment, terre labourable, prés, vignes ou bois: indiquer la situation des biens, la contenance, avec distinction des parcelles, en donnant pour chacune d'elles le numéro de la matrice cadastrale.*)

Ainsi que tout se poursuit et comporte, sans aucune exception ni réserve des différents immeubles qui composent la propriété, lors même qu'ils auraient été omis dans la désignation détaillée qui précède, avec les immeubles par destination qui en dépendent et les augmentions que M. et M^me        pourraient faire.

ART. 9. — **Propriété.** — (*Établissement de la propriété.*)

M. et M^me        s'obligent à communiquer à la Compagnie, à toute époque et à première réquisition, les titres de propriété des immeubles hypothéqués. La Compagnie est autorisée de plus à en prendre communication chez tous les dépositaires, et même à en lever les expéditions ou extraits, aux frais des emprunteurs, dans le cas où ces titres lui seraient nécessaires.

ART. 10. — **Conservation des biens.** — M. et M^me devront jouir des biens hypothéqués en bons pères de famille, faire toutes les réparations nécessaires à la conservation et à l'entretien des immeubles, et les maintenir en bon état, selon leur nature.

Ils s'interdisent le droit de rien faire qui puisse altérer la valeur du gage, notamment de faire des coupes anticipées, d'abattre les réserves ou les futaies, d'arracher les vignes, arbres et plantations.

Il ne pourra être établi, sur lesdits immeubles, aucun privilége au profit des architectes, entrepreneurs et ouvriers chargés d'y faire des constructions ou des réparations, sous peine de résolution du présent contrat et d'exigibilité immédiate de la créance.

M. et M<sup>me</sup> seront tenus de faire à la Compagnie les dénonciations prescrites par les articles 64 et 65 des statuts, sous peine de résolution du présent contrat, conformément auxdits articles.

La Compagnie pourra, à toute époque, faire constater l'état des immeubles hypothéqués.

**Art. 11. — Déclarations.** — M. et M<sup>me</sup> font les déclara tions suivantes :

1° Ils sont mariés en premières noces sous le régime d ainsi qu'il résulte de leur contrat de mariage passé devant M<sup>e</sup> notaire à le (*Si le mariage est postérieur à la loi du 10 juillet 1850, l'acte de mariage doit être produit*);

2° Ils n'ont jamais été tuteurs de mineurs ou d'interdits (*dans le cas contraire, l'énoncer*) ;

3° Ils s'obligent à justifier, avant la réalisation du prêt, qu'il n'existe sur lesdits biens aucune action résolutoire ou rescisoire, ni aucun privilége ou hypothèque conventionnelle, judiciaire ou légale, ni aucun droit de nature à porter atteinte à l'hypothèque ci-dessus consentie (*en cas d'hypothèques légales, les énoncer*);

4° Il n'a rien été touché d'avance des fermiers ou locataires (*dans le cas contraire, l'énoncer*); (1)

5° Il n'existe pas de servitudes passives (*autres que celles énoncées en l'établissement de propriété qui précède*).

**Art. 12. — Transport des droits matrimoniaux.** — Pour assurer en tant que de besoin, à la Compagnie le premier rang d'hypothéque auquel elle a droit, M<sup>me</sup> lui cède et transporte, ce qui est accepté par M. somme égale au montant de toutes les réclamations que ladite Compagnie peut avoir à exercer en vertu des présentes, à prendre dans ses reprises, créances et avantages matrimoniaux, et, par suite, elle subroge la Compagnie jusqu'à due concurrence dans son hypothèque légale contre son mari.

Ces transport et subrogation sont consentis avec toute préférence et antériorité à la cédante; mais ils ne pourront s'exercer que sur les immeubles ci-dessus hypothéqués.

---

(1) Dans le cas où le montant du prêt est destiné à payer par subrogation un créancier inscrit, insérer les termes de la promesse d'emploi, Formule 3, ou ceux de la Formule 4, si l'emprunt est destiné à payer en partie un prix de vente.

M. déclare, au besoin, se tenir cette cession pour signifiée.

M. et M^me déclarent en outre que cette dernière n'a, jusqu'à ce jour, consenti aucune cession de ses droits, dont l'effet puisse atteindre les immeubles présentement hypothéqués.

**Art. 13. — Assurance contre l'incendie. — Transport de l'indemnité.** — Aux termes d'une police, en date du portant le n° et dont l'un des doubles (ou) un duplicata timbré, enregistré avant (ou) avec ces présentes, est demeuré ci-annexé, la Compagnie d'assurances dite dont le siége est à rue a assuré contre l'incendie, áu profit de M. et M^me la somme de sur les immeubles ci-dessus hypothéqués moyennant le payement par les propriétaires d'une prime annuelle de payable à le de chaque année. (*Supprimer la mention de la prime s'il s'agit d'une Compagnie d'assurances mutuelles.*)

Ce contrat d'assurances a été fait pour années, à partir du

Pour couvrir, en cas de sinistre, le Crédit foncier de France des sommes dont il sera créancier. M. et M^me lui délèguent et transportent, à titre de garantie, ce qui est accepté par M. audit nom, les indemnités à payer, soit par ladite Compagnie, soit par toute autre avec laquelle un nouveau contrat d'assurances serait ultérieurement passé.

En conséquence, toutes les sommes dues pour causes de sinistre, en capital et accessoires, devront être versées par la Compagnie débitrice, même hors la présence et sans le consentement de M. et M^me entre les mains du Crédit foncier de France, jusqu'à concurrence du montant de sa créance, calculé jusqu'à l'expiration de l'année dont il va être parlé, d'après le compte présenté par lui, sans que les contestations auxquelles ce compte donnerait lieu puissent retarder ou invalider le versement à faire par la Compagnie d'assurances, tous droits réservés au profit des débiteurs, mais seulement contre le Crédit foncier de France, pour la restitution de ce qu'il aurait indûment touché.

Dans le délai d'un an à partir du règlement du sinistre, M. et M^me auront la faculté de rétablir l'immeuble incendié dans son état primitif.

Pendant ce temps, la Société conservera, à titre de garantie, la somme par elle touchée de la Compagnie d'assurances, avec faculté de la verser, en son nom, au Trésor public, en compte courant, auquel cas elle tiendra compte aux débiteurs des intérêts servis par le Trésor.

Après la reconstruction de l'immeuble, elle remettra ladite somme aux emprunteurs, déduction faite des sommes exigibles sur le montant de sa créance.

Si, à l'expiration de l'année, les débiteurs n'ont pas usé de la faculté qui leur est accordée, ou si, avant cette époque, ils ont notifié leur intention de ne pas en user, les sommes reçues seront définitivement acquises à la Société, comme remboursement par anticipation, et imputées sur sa créance calculée au jour, soit de l'expiration de l'année, soit de la notification faite par les débiteurs.

Si la Société n'est pas entièrement désintéressée, l'effet de la délégation ci-dessus consentie continuera à s'exercer sur toute indemnité nouvelle à laquelle pourraient donner lieu de nouveaux sinistres.

Trois mois avant la cessation du contrat d'assurances, M. et M<sup>me</sup>            seront tenus de justifier au Crédit foncier de France de la prorogation de la police d'assurances, pendant une nouvelle période de cinq années au moins, ou une nouvelle assurance contractée avec la même Compagnie ou toute autre agréée par le CRÉDIT FONCIER; à défaut de quoi, ils autorisent le CRÉDIT FONCIER à souscrire pour leur compte, huit jours après une simple mise en demeure, une nouvelle assurance avec telle Compagnie qu'il lui plaira choisir. Cette nouvelle assurance pourra être contractée tant au nom du CRÉDIT FONCIER qu'au nom du propriétaire............, savoir, en premier ordre et par préférence audit propriétaire, au profit du CRÉDIT FONCIER, pour le montant de sa créance ci-dessus énoncée, en principal, intérêrêts et frais, ainsi que pour toutes autres sommes qui pourraient lui être dues par suite du présent contrat; et, en second ordre seulement au profit du propriétaire, pour ce qui restera libre, après le payement des sommes dues au Crédit foncier de France.

La délégation qui précède s'étendra à toute indemnité due en vertu de ce nouveau contrat, et sera renouvelée à la première réquisition de la Société, par acte notarié, aux frais de M. et M<sup>me</sup>

Dans tous les cas, soit que l'assurance ait été souscrite par les débiteurs ou par la Société, la prime pourra être acquittée par cette dernière, et devra, en conséquence, être ajoutée au montant de l'annuité, à moins que la Société ne préfère en exiger immédiatement le remboursement.

De plus, et dans le cas où les emprunteurs auraient fait cesser l'assurance, ou ne seraient pas mis en demeure de la renouveler, le présent contrat sera résilié de plein droit, et par ce seul fait que l'immeuble ne serait plus assuré, si bon semble à la Société, qui pourra exiger immédiatement le remboursement du prêt.

ART. 14. — **Exigibilité avant terme.** — Nonobstant les termes ci-dessus stipulés, la dette de M. et M<sup>me</sup>            deviendra exigible :

1° A défaut de payement, dans le mois de la mise en demeure, d'un semestre en souffrance, conformément à l'art. 62 des statuts;

2° S'il a été touché des loyers d'avance non déclarés dans le contrat, alors même que ces loyers seraient inférieurs à trois années;

3° Dans les cas prévus par les art. 1188 et 2131 du Code Napoléon et par les art. 64, 65, 66 et 68 des statuts.

Dans tous les cas d'exigibilité avant terme, sauf l'exception prévue en cas de sinistre, l'indemnité due en vertu de l'art. 63 des statuts sera acquise à la Compagnie, qui se réserve, en outre, le droit résultant, en sa faveur, de l'art. 7 de la loi du 10 juin 1853.

Art. 15. — **Purge.** — La Compagnie fera remplir les formalités de purge prescrites par le titre IV du décret du 28 février 1852 et la loi du 10 juin 1853.

Après l'accomplissement de ces formalités, sans qu'il soit survenu d'inscription ou d'empêchement, la remise du montant du prêt sera constatée par un acte notarié qui fera connaître le résultat de la purge et la situation hypothécaire. S'il y a dispense de purge, l'article devra être ainsi conçu :

« La Compagnie fera accomplir, si elle le juge convenable, aux frais des emprunteurs, la purge des hypothèques légales dont l'existence pourrait lui être révélée, soit avant, soit après la remise des fonds, laquelle sera constatée par un acte notarié qui fera connaître le résultat des formalités. »

— Si la femme est présente au contrat, il conviendra d'insérer la clause suivante :

« Mme..., en tant que besoin serait, donne par ces présentes à M..., son mari, tous pouvoirs nécessaires à l'effet de la représenter audit acte, de recevoir le montant du prêt et d'en reconnaître en son nom la réalisation. »

Art. 16. — Faute par M. et Mme d'avoir retiré les valeurs au jour ci-dessus fixé, l'intérêt et l'allocation stipulée pour frais d'administration courront de plein droit au profit de la Compagnie, soit que les valeurs doivent leur être remises directement, soit qu'elles doivent être remises à leurs créanciers inscrits. S'il y a nécessité de purge, ajouter : « Et alors même que le retard aurait été motivé par les formalités et délais de la purge des hypothèques légales. »

Art. 17. — Jusqu'à ce qu'il ait été justifié d'une situation hypothécaire conforme aux déclarations consignées sous l'art. 11, M. et Mme ne pourront réclamer le montant du prêt ci-dessus.

Art. 18. — **Annulation du contrat.** — Dans tous les cas, l'acte définitif devra être réalisé dans *un mois* (ou) les *deux mois* à partir de ce jour.

En conséquence, dans le cas où M. et Mme ne seraient pas mis en mesure d'effectuer cette réalisation dans ce délai, le présent acte sera considéré de plein droit comme nul et non avenu, par la seule expiration du terme de (*calculer le délai pour les formalités de purge en raison des distances*), et sans qu'il soit besoin de mise en demeure, à moins que la Compagnie ne préfère réclamer l'exécution du contrat.

Le contrat conditionnel sera également considéré comme nul et non avenu, si bon semble à la Compagnie, conformément à l'art. 8 du décret du 28 février 1852, dans le cas où, par le résultat des formalités énoncées en l'art. 15, il surviendrait des inscriptions où il se révélerait d'autres droits réels grevant les immeubles hypothéqués, « autres que l'inscription *ou* les inscriptions de garantie d'éviction ci-dessus déclarées, » *ou* « autres que les créances déclarées ci-dessus, et dont le montant doit être payé avec les fonds empruntés, » et dans le cas où il surviendrait des oppositions, entre les mains de la Compagnie, sur les emprunteurs.

Dans l'un et l'autre cas, l'annulation du présent contrat résultera d'une simple déclaration faite par la Compagnie, dans un acte à la suite des présentes, signé seulement par le Gouverneur du Crédit foncier ou son représentant. Les frais de l'acte et ceux faits antérieurement seront à la charge des emprunteurs, conformément à l'art. 73 des statuts.

Le même acte donnera mainlevée de l'inscription prise au profit de la Compagnie, si tous les frais faits et à faire ont été acquittés.

Art. 19. — **Élection de domicile.** — Pour l'exécution des présentes, il est fait élection de domicile, pour le Crédit foncier de France, au siége de la Société, à Paris, et pour M. et M^{me} à Paris, en la demeure de (*pour tous les prêts, élection de domicile doit être faite à Paris par les emprunteurs*).

Cette élection de domicile sera attributive de juridiction.

Fait et passé.

# PROMESSE D'EMPLOI

## Pour le cas où le montant du prêt est destiné à payer, par subrogation un créancier inscrit.

M. et M^me          déclarent que la somme de
faisant partie du prêt qui leur est fait, est destinée au remboursement de pareille somme, montant en capital d'une créance inscrite sur l'immeuble hypothéqué, et due à M.          demeurant à
en vertu (*énoncer le titre*)

En conséquence, la Compagnie conservera entre ses mains, sur le montant du prêt, conformément à l'article 6 du décret du 28 février 1852, le nombre d'obligations nécessaire pour le remboursement de ladite créance, M. et M^me..... l'autorisant, dès à présent, à les négocier à leurs risques et périls, soit par le ministère d'un agent de change, soit par tout autre moyen, au mieux de leurs intérêts, et à toucher le prix de cette négociation, pour ensuite employer ce prix au remboursement du capital de ladite créance, avec subrogation au profit de la Compagnie, dans les droits, priviléges et hypothèques du créancier remboursé.

Aux effets ci-dessus, le CRÉDIT FONCIER DE FRANCE, à la réquisition de M. et M^me          interviendra dans la quittance, à l'effet de représenter les fonds réalisés (*ou les obligations elles-mêmes, s'il convenait au créancier de les accepter au pair*), et de les verser directement entre les mains du créancier, lors du payement qui lui en sera fait par M. et M^me          et à leurs frais.

Les intérêts échus jusqu'au jour dudit remboursement et les frais qui seraient dus seront payés par M. et M^me          qui s'y obligent de leurs deniers personnels.

En conséquence, il sera consigné entre les mains de la Compagnie lors de la réalisation, ou retenu par elle, sur le surplus de la somme empruntée, la somme de          , composée de : 1º          2º *Établir le décompte.*

M. et M^me          promettent de faire remettre à la Compagnie les titres de la créance ainsi remboursée par subrogation, en outre, un extrait suffisant de la quittance, et le certificat du conservateur constatant la mention de la subrogation (1).

---

(1) La subrogation est acquise à la Société en vertu de l'article 1250 du Code Napoléon, paragraphe 2, et de l'article 6 du décret du 28 février 1852.

# PROMESSE D'EMPLOI

### Pour le cas où l'emprunt est destiné à payer en partie un prix de vente.

M. et M<sup>me</sup>                         déclarent (1) que la somme qui leur est prêtée est destinée au payement à faire à M.                         ou en son acquit aux créanciers inscrits sur l'immeuble ci-après désigné, de la somme principale de                         faisant partie du prix moyennant lequel M. et M<sup>me</sup>
ont acquis de M.
une maison sise à

En conséquence, la Compagnie conservera entre ses mains, conformément à l'article 6 du décret du 28 février 1852, les obligations formant le montant de la somme empruntée, et M. et M<sup>me</sup>..... l'autorisant dès à présent à les négocier à leurs risques et périls, soit par le ministère d'un agent de change, soit par tout autre moyen, au mieux de leurs intérêts, et à toucher le prix de cette négociation, pour ensuite employer ce prix au remboursement à faire à M.                         ainsi qu'il vient d'être dit, avec subrogation au profit de la Compagnie dans les droits, priviléges et hypothèques du créancier remboursé.

Aux effets ci-dessus, le Crédit foncier, à la réquisition de M. et M<sup>me</sup>
interviendra dans la quittance, à l'effet de représenter les fonds, et de les verser directement entre les mains de M.
ou de ses créanciers inscrits, lors du payement qui sera fait par M. et par M<sup>me</sup>                         et à leurs frais.

M. et M<sup>me</sup>                         donnent, en tant que de besoin, pouvoir à la Compagnie d'effectuer le payement hors de leur présence.

Le surplus dudit prix, ainsi que tous les intérêts échus et à échoir jusqu'au remboursement, et tous frais qui seront dus, seront payés par M. et M<sup>me</sup>
de leurs deniers personnels, afin que la Compagnie soit subrogée seule et sans concurrence dans le privilége de vendeur de M.

Ils s'obligent à justifier de ce payement avant la réalisation du prêt.

M et M<sup>me</sup>                         promettent aussi de faire remettre à la Compagnie les titres de la créance remboursée par subrogation, en outre, un extrait suffisant de la quittance et le certificat du Conservateur constatant la mention de la subrogation.

______________

(1) Cette déclaration sera réitérée dans l'acte définitif.

# TRANSPORT D'INDEMNITÉ D'ASSURANCE,
## En cas d'assurance nouvelle.

---

### PAR-DEVANT M<sup>e</sup>

**ONT COMPARU :**

1° M..... (*nom, prénoms et domicile de la personne qui stipule· pour la Société*) (1), représentant M....., gouverneur du Crédit foncier de France, Société anonyme, ayant son siége à Paris, rue Neuve-des-Capucines, n° 19, demeurant au siége social.

2° M. et M<sup>me</sup> (2)

Lesquels ont exposé ce qui suit :

Suivant                          actes reçus par M<sup>e</sup>

       notaire      a

les

M

emprunté au Crédit foncier de France une somme de
et hypothéqué à la garantie de cet emprunt (*désigner les immeubles*).

Aux termes d'une police en date d
enregistrée, la Compagnie d'assurances
avait assuré contre l'incendie pour              années, au profit de M.
       la somme de
sur les immeubles hypothéqués, et suivant l'article 15 du contrat de prêt, l'emprunteur avait transporté au Crédit foncier de France les indemnités à payer, soit par ladite Compagnie, soit par toute autre avec laquelle un nouveau contrat serait ultérieurement passé.

Ce transport a été dénoncé à la Compagnie
suivant exploit de                          , huissier à
en date du                          enregistré.

Postérieurement, et aux termes d'une autre police en date d
N°        , non enregistrée, mais dont l'un des doubles est demeuré ci-annexé, et sera soumis à l'enregistrement avec les présentes, la Compagnie d'assurances
                          , dont le siége est à                          , a assuré
contre l'incendie, au profit de M.

---

(1) Si l'on stipule directement avec le gouverneur, on en énonce les noms et qualités.

(2) Pour le cas le plus ordinaire où l'intervention de la femme a eu lieu au contrat de prêt.

la somme de                                   sur les immeubles ci-dessus
désignés.

   Ce contrat d'assurance a été fait pour          années, à partir du
       et


En conséquence, pour couvrir, en cas de sinistre, le Crédit foncier de France des sommes dont il est créancier, et assurer, en tant que besoin serait, le transport déjà consenti par l'acte précité, M.
lui délègue et transporte, à titre de garantie, ce qui est accepté par M.                         les indemnités à payer, soit par ladite Compagnie, soit par toute autre avec laquelle un nouveau contrat serait ultérieurement passé.

Toutes les sommes dues pour cause de sinistre, en capital et accessoires, devront être versées par la Compagnie débitrice, même hors la présence et sans le consentement de M.                         , entre les mains du Crédit foncier de France, jusqu'à concurrence du montant de sa créance, d'après le décompte présenté par lui, sans que les contestations auxquelles le compte donnerait lieu puissent retarder ni invalider le versement fait par la Compagnie d'assurances; tous droits réservés au profit du débiteur, mais seulement contre le Crédit foncier de France, pour la restitution de ce qu'il aurait indûment touché. Les sommes ainsi versées porteront intérêt au profit du débiteur, au taux ordinaire des dépôts en comptes courants faits dans la caisse de la Compagnie.

M.                         déclare, au surplus, s'obliger à l'exécution des articles 67, 68 et 69 des statuts du Crédit foncier, dont il connaît toutes les dispositions et dont la teneur est rapportée dans l'acte précité du

Trois mois avant l'expiration de ce nouveau contrat d'assurances, M. et Mme                         s'obligent à justifier au Crédit foncier, soit de la prorogation de cette assurance pendant une nouvelle période de cinq ans au moins, soit d'une nouvelle assurance contractée avec ladite Compagnie ou toute autre agréée par le Crédit foncier; à défaut de quoi ils autorisent le Crédit foncier à souscrire pour leur compte, huit jours après une simple mise en demeure, une nouvelle assurance avec telle Compagnie qu'il lui plaira. Cette nouvelle assurance pourra être contractée tant au nom du Crédit foncier qu'au nom des propriétaires, savoir : en premier ordre et par préférence, auxdits propriétaires, au profit du Crédit foncier, pour le montant de la créance en principal et accessoires, ainsi que pour toutes autres sommes qui pourraient lui être dues par suite du présent contrat; et, en second ordre seulement, au profit desdits propriétaires, pour ce qui restera libre, après le payement de la créance du Crédit foncier en principal et accessoires.

La délégation qui précède s'étendra à toute indemnité due en vertu de ce nouveau contrat, et sera renouvelée à la première réquisition, par acte notarié, et aux frais des débiteurs.

Pour l'exécution des présentes, il est fait élection de domicile, pour le CRÉDIT FONCIER de FRANCE, au siége de la Société, à Paris, et pour M. et M<sup>me</sup>

à

DONT ACTE.

Fait et passé

SIGNIFICATION.

L'an mil huit cent                          , le

A la requête du CRÉDIT FONCIER DE FRANCE, Société anonyme ayant son siége à Paris, rue Neuve-des-Capucines, n° 19, agissant poursuites et diligences de M.                          , Gouverneur du CRÉDIT FONCIER DE FRANCE, demeurant à Paris, au siége de ladite Société, où il fait élection de domicile,

J'ai

soussigné, signifié et laissé copie à la Compagnie d'assurances dite                Société anonyme ayant son siége à                          en la personne de son Directeur, étant au siége social et parlant à                          d'un contrat passé devant M<sup>e</sup>                          et son collègue, notaires à                          , le                          , aux termes duquel M. et M<sup>me</sup>                          , pour couvrir, en cas de sinistre, le CRÉDIT FONCIER DE FRANCE des sommes dont il sera créancier par suite du prêt d'une somme de                          qui leur a été fait, suivant contrats reçus par M<sup>e</sup>                          notaire à les                          avec hypothèque sur                          ont délégué et transporté audit CRÉDIT FONCIER DE FRANCE, à titre de garantie, les indemnités à payer par ladite Compagnie d'assurances.

Déclarant que la présente signification leur est faite en conformité de l'article 1690 du Code Napoléon, et pour assurer, en tant que besoin serait, le transport déjà consenti par l'acte de prêt précité.

Afin qu'ils n'en ignorent, je leur ai, étant et parlant comme dessus, laissé copie dudit extrait et du présent.

Le coût est de

# CRÉDIT AGRICOLE

---

## Crédits sur hypothèque ou nantissement.
### DEMANDE D'OUVERTURE DE CRÉDIT.

---

Je, soussigné (*nom, prénoms, profession, domicile*)

demande au Crédit agricole une ouverture de crédit de (*la somme en toutes lettres*)                pour une durée de (*le temps*)
aux conditions ordinaires de l'établissement.
Il s'oblige à payer les frais d'estimation et de vérification du gage.

DÉSIGNATION ET VALEUR DU GAGE.

PIÈCES PRODUITES (1).

Fait à                    le

(*Signature.*)

---

(1) Tout propriétaire qui demande un crédit hypothécaire doit produire : 1º les titres de propriété en sa personne et en celle de ses auteurs, des biens offerts en garantie ; actes d'acquisitions, quittances, etc., avec un établissement dressé autant que possible par un notaire ; 2º la copie certifiée de la matrice cadastrale et du plan cadastral ; 3º les baux ou l'état des locations, s'il en existe, avec indication des loyers et fermages payés d'avance (il peut être utile de reproduire les anciens baux) ; 4º la déclaration des revenus et des charges ; 5º la cote des contributions de l'année courante, ou à son défaut celle de la dernière année ; 6º la police d'assurance contre l'incendie s'il en existe ; 7º une déclaration exacte sur les priviléges et hypothèques qui grèvent le gage ; 8º le contrat de mariage avec déclaration d'état civil et si on est veuf, tuteur, curateur, comptable de deniers publics, etc.

# MODÈLE DE DÉLIBÉRATION

### Relative à un emprunt à contracter par un département ou une commune.

Le Conseil général *ou* le Conseil municipal de
Délibère :

#### Article 1er.

L'emprunt de la somme de                         , autorisée par la loi *ou* le décret
en date du                         , sera, à la diligence du préfet *ou* du maire,
contracté auprès du CRÉDIT FONCIER DE FRANCE.

#### Art. 2.

Le département *ou* la commune se libérera de la somme due au CRÉDIT FON-
CIER DE FRANCE, par suite de cet emprunt, en                         années, à compter
du 31 janvier ou 31 juillet qui suivra le premier versement de fonds, au moyen
de                         annuités de                         chacune, payable par moitié les
31 janvier et 31 juillet de chaque année, et comprenant outre la somme nécessaire à l'amortissement du capital reçu, l'intérêt dudit capital à 5 p. 0/0 par an,
sans aucune commission, en dehors et en sus de cet intérêt.

Sur les sommes versées le CRÉDIT FONCIER retiendra l'intérêt à 5 p. 0/0, à
courir depuis le versement jusqu'au point de départ des annuités.

La commune renonce à opérer aucun remboursement par anticipation (1).

#### Art. 3.

Tout semestre d'annuité non payé à l'échéance portera intérêt de plein droit,
et sans mise en demeure, sur le pied de 5 p. 0/0 par an.

#### Art. 4.

Les fonds empruntés devant être versés par le CRÉDIT FONCIER, à Paris, au
siége de son administration, le transport de ces fonds, dans le cas où il devrait
avoir lieu, serait effectué aux risques et périls du département *ou* de la commune.

Les annuités seront également payables à Paris, au siége de la Société; néanmoins elles pourront, du consentement du CRÉDIT FONCIER, être payées dans les
départements, aux caisses de MM. les receveurs des finances, à la condition que
les versements seront effectués vingt jours avant les échéances.

#### Art. 5.

Tous les frais auxquels pourra donner lieu l'emprunt dont il s'agit seront à la
charge de la commune.                         (*Suivent la date et les signatures.*)

---

(1) Si la commune se réserve le droit de rembourser par anticipation, on remplace la formule
de renonciation par celle-ci :

« En cas de remboursement par anticipation, la commune payera l'indemnité prévue par l'article 9 de la loi du 6 juillet 1860, soit 1/2 p. 0/0 du capital remboursé. — Tout remboursement
partiel donnera lieu à une réduction proportionnelle dans le chiffre des intérêts de la somme
destinée à l'amortissement. La commission sera elle-même réduite de la quotité correspondante
au capital remboursé par anticipation. — Le compte sera toujours établi à l'expiration du semestre courant, et le montant intégral de ce semestre sera dû, sous la déduction de l'intérêt du
capital remboursé, au taux de 5 p. 0/0 depuis le jour du payement jusqu'à la fin du semestre. »

# CRÉDIT FONCIER DE FRANCE.

## CRÉDIT FONCIER DE FRANCE.

### OBLIGATION FONCIÈRE AU PORTEUR

DE

## Mille Francs.

Nᵒ ▓▓▓▓▓▓     Nᵒ ▓▓▓▓▓▓

Le montant des *obligations foncières* ne peut dépasser celui des prêts réalisés (art. 14 du décret du 28 février 1852).

La présente obligation fait partie des 200,000 obligations créées en exécution de la délibération de l'assemblée générale du 9 décembre 1852.

Elle est remboursable à 1,200 *francs* par voie de tirage au sort, au plus tard en 50 années, à partir du 1er mai 1854.

Elle donne droit à un intérêt de 3 p. 0/0 l'an, soit 15 francs par semestre, le 1er mai et le 1er novembre, et à 4 tirages de lots par an, conformément au tableau d'autre part.

Enregistré à Paris, le          185   , Nᵒ

Reçu onze centimes, décime compris.

Vu par                 *Paris, le*          186   .

LE COMMISSAIRE DU GOUVERNEMENT,          LES ADMINISTRATEURS,          LE DIRECTEUR,

---

CRÉDIT FONCIER DE FRANCE.

Obligation Nᵒ______

Coupon de 15 fr. échéant le 1er mai 186   .

## LOTS TRIMESTRIELS

### DE CHACUNE DES DEUX PREMIÈRES ANNÉES.

*Tirage des 1er, 2e et 3e trimestres*
(22 mars, 22 juin et 22 septembre).

Le 1er N° sortant gagnera. 100,000 f.
Le 2e.................... 50,000
Le 3e.................... 50,000
Le 4e.................... 20,000
Et les 5 numéros suivants
  chacun 10,000 fr... ci. 50,000

Pour chacun des trois
  premiers trimestres... 270,000 f.

Ensemble des trimestres. 810,000 f.

*Tirage du 4e trimestre*
(22 décembre).

Le 1er N° sortant gagnera. 100,000 f.
Le 2e.................... 50,000
Le 3e.................... 50,000
Le 4e.................... 40,000
Le 5e.................... 30,000
Le 6e.................... 20,000
Les 7e, 8e, 9e, 10e, 11e et
  12e numéros gagneront
  chacun 10,000 fr.. ci. 60,000
Et les 8 numéros suivants
  chacun 5,000 fr... ci. 40,000

Pour le 4e trimestre.... 390,000 f.

**Total des lots par année...... 1,200,000 francs.**

## LOTS TRIMESTRIELS

### DE LA TROISIÈME ANNÉE ET DES ANNÉES SUIVANTES.

*Tirage des 1er, 2e et 3e trimestres*
(22 mars, 22 juin et 22 septembre).

Le 1er N° sortant gagnera. 100,000 f.
Le 2e.................... 50,000
Le 3e.................... 20,000

Pour chacun des trois
  premiers trimestres... 170,000 f.

Ensemble des trois tri-
  mestres............. 510,000 f.

*Tirage du 4e trimestre*
(22 décembre).

Le 1er N° sortant gagnera. 100,000 f.
Le 2e.................... 50,000
Le 3e.................... 40,000
Le 4e.................... 30,000
Le 5e.................... 20,000
Le 6e.................... 10,000
Et les 8 numéros suivants
  chacun de 5,000 fr. ci. 40,000

Pour le 4e trimestre.... 200,000 f.

**Total des lots par année...... 800,000 francs.**

## EXTRAITS DES STATUTS.

ART. 85. — Dans la huitaine de l'opération, les numéros sortis sont affichés au siége de la Société et insérés dans deux des journaux désignés pour la publication des actes de la Société.

ART. 86. — Les obligations désignées par le sort sont remboursées le jour indiqué par la publication.

A compter de ce jour, les intérêts attachés aux obligations remboursables cessent de plein droit.

Les coupons d'intérêt ne devront être détachés qu'à l'époque de leur échéance.

Les obligations dont le sort aurait indiqué le remboursement ne seront payées que sous la retenue des coupons d'intérêt non échus qui ne seraient pas représentés.

Le montant des coupons d'intérêt échus et des obligations sorties dont le payement n'aura pas été réclamé dans le délai de cinq ans après leur échéance demeurera acquis à la Société.

## CRÉDIT FONCIER DE FRANCE.

### 100

DIXIÈME D'OBLIGATION FONCIÈRE AU PORTEUR.

Nᵒ ⸺⸺⸺  COUPURE DE  1ʳᵉ COUPURE.

### Cent Francs.

Le montant des *obligations* foncières ne peut dépasser celui des prêts réalisés (art. 14 du décret du 28 février 1852).

La présente *coupure* est remboursable à raison de 120 *francs*, par voie de tirage au sort, au plus tard en 50 années, à partir du 1ᵉʳ mai 1854.

Elle donne droit à un intérêt de 3 p. 0/0 l'an, soit 3 francs par coupure, payable le 1ᵉʳ novembre de chaque année et participe tous les trois mois aux chances des lots mentionnés d'autre part.

Un tirage spécial des 10 numéros de coupures entre lesquelles l'obligation foncière est divisée aura lieu avant le tirage des *obligations* et fera connaître la coupure à laquelle sera attribué le lot échu à l'obligation dont elle fait partie.

Enregistré à Paris, le  185  .

Reçu onze centimes, décime compris.

Vu par  *Paris, le*  186  .

LE COMMISSAIRE DU GOUVERNEMENT,  LES ADMINISTRATEURS,  LE DIRECTEUR,

---

CRÉDIT FONCIER DE FRANCE.

Coupure Nᵒ⸺⸺

Intérêt de 3 fr. échéant le 1ᵉʳ novembre 166  .

**LOTS TRIMESTRIELS**

DE CHACUNE DES DEUX PREMIÈRES ANNÉES.

| *Tirage des 1er, 2e et 3e trimestres* (22 mars, 22 juin et 22 septembre). | *Tirage du 4e trimestre* (22 décembre). |
|---|---|
| Le 1er No sortant gagnera. 100,000 f. | Le 1er No sortant gagnera. 100,000 f. |
| Le 2e................. 50,000 | Le 2e.................. 50,000 |
| Le 3e................. 50,000 | Le 3e.................. 50,000 |
| Le 4e................. 20,000 | Le 4e.................. 40,000 |
| Et les 5 numéros suivants chacun 10,000 fr.. ci. 50,000 | Le 5e.................. 30,000 |
| | Le 6e.................. 20,000 |
| | Les 7e, 8e, 9e, 10e, 11 et 12e numéros gagneront chacun 10,000 fr.. ci. 60,000 |
| Pour chacun des trois premiers trimestres... 270,000 f. | Et les 8 numéros suivants chacun 5,000 fr... ci. 40,000 |
| Ensemble des trimestres. 810,000 f. | Pour le 4e trimestre.. . 390,000 f. |

**Total des lots par année...... 1,200,000 francs.**

**LOTS TRIMESTRIELS**

DE LA TROISIÈME ANNÉE ET DES ANNÉES SUIVANTES.

| *Tirage des 1er, 2e et 3e trimestres* (22 mars, 22 juin et 22 septembre). | *Tirage du 4e trimestre* (22 décembre). |
|---|---|
| Le 1er No sortant gagnera. 100,000 f. | Le 1er No sortant gagnera. 100,000 f. |
| Le 2e................. 50,000 | Le 2e.................. 50,000 |
| Le 3e................. 20,000 | Le 3e.................. 40,000 |
| | Le 4e.................. 30,000 |
| | Le 5e.................. 20,000 |
| | Le 6e.................. 10,000 |
| Pour chacun des trois premiers trimestres... 170,000 f. | Et les 8 numéros suivants chacun de 5,000 fr. ci. 40,000 |
| Ensemble des trois trimestres.............. 510,000 f. | Pour le 4e trimestre.... 290,000 f. |

**Total des lots par année...... 800,000 francs.**

**EXTRAIT DES STATUTS.**

Art. 85. — Dans la huitaine de l'opération, les numéros sortis sont affichés au siége de la Société et insérés dans deux des journaux désignés pour la publication des actes de la Société.

Art. 86. — Les obligations désignées par le sort sont remboursées le jour indiqué par la publication.

A compter de ce jour, les intérêts attachés aux obligations remboursables cessent de plein droit.

Les coupons d'intérêt ne devront être détachés qu'à l'époque de leur échéance.

Les obligations dont le sort auroit indiqué le remboursement ne seront payées que sous la retenue des coupons d'intérêt non échus qui ne seraient pas représentés.

Le montant des coupons d'intérêt échus et des obligations sorties dont le payement n'aura pas été réclamé dans le délai de cinq ans après leur échéance demeurera acquis à la Société.

# OBLIGATIONS COMMUNALES 3 °/₀

## TIRAGES SEMESTRIELS DES LOTS.

### 1ᵉʳ Semestre. — 22 Mars.

| | |
|---|---|
| Le premier numéro sortant gagnera un lot de...................... | 100,000 fr. |
| Le second, le troisième, le quatrième et le cinquième, un lot de 10,000 fr. chacun, soit ensemble................................. | 40,000 |
| Les dix numéros suivants, un lot de 1,000 fr. chacun, soit ensemble........ | 10,000 |
| TOTAL pour le semestre........ | 150,000 fr. |

### 2ᵉ Semestre. — 22 Novembre.

| | |
|---|---|
| Somme égale et même répartition.................................. | 150,000 fr. |
| TOTAL par année............... | 300,000 fr. |

Les Obligations créées par le Crédit foncier de France ne peuvent dépasser le montant des sommes dues par les emprunteurs. (Décret du 28 février 1852, art. 14; Décret du 28 mars 1852, art. 3; Statuts, art. 1 et 76; Loi du 6 juillet 1860, art. 5.)

Elles sont garanties par le fonds social, dont le montant doit être maintenu dans la proportion du vingtième au moins des Obligations ou titres en circulation. (Statuts, art. 4; Loi du 6 juillet 1860, art. 8.)

Il n'est admis aucune opposition au payement du capital et des intérêts des Obligations, si ce n'est de la part du propriétaire, en cas de perte des titres. (Décret du 28 février 1852, art. 18.)

Elles sont désignées pour servir, comme la rente sur l'État, à l'emploi des fonds appartenant aux incapables, aux communes, aux établissements publics ou d'utilité publique. (Décret du 28 février 1852.)

Elles sont exemptes de l'impôt sur les valeurs mobilières établi par la loi du 23 juin 1857.

Le Crédit foncier fait des avances sur les Obligations par lui créées, jusqu'à concurrence de 80 p. 0/0 des cours de la Bourse, et pour un terme qui n'excède pas quatre-vingt-dix jours. (Statuts, art. 2.)

Elles sont au porteur, mais elles peuvent être déposées dans les caisses du Crédit foncier, qui délivre en échange un certificat nominatif de dépôt. (Statuts, art. 81.)

Elles sont appelées au remboursement par voie de tirage au sort. (Statuts, art. 82.)

Le nombre des Obligations communales à rembourser chaque semestre est déterminé par le conseil d'administration du Crédit foncier, suivant un amortissement calculé pour une durée de cinquante années, sur un intérêt de 5 p. 0/0.

Nº d'ordre.

=

CRÉDIT FONCIER

DE FRANCE.

—

OBLIGATION

communale 3 p. 0,0

DE

*Cinq cents fr.*

au porteur.

—

Nº

Paris, le          186

Le chef du service
des titres,

Vu : *Le contrôleur,*

# CRÉDIT FONCIER DE FRANCE.

**Emprunt de 75 millions en 150,000 Obligations avec lots.**

(Loi du 6 juillet 1860.)

## OBLIGATION COMMUNALE A 3 %

DE

### *Cinq cents francs au porteur.*

| PREMIÈRE SÉRIE. | INTÉRÊT : 15 FR. |

Nº

Titre remboursable au pair, par voie de tirage au sort, au plus tard en cinquante années à partir du 1er novembre 1860, donnant droit à un intérêt annuel de 3 p. 0/0, soit 7 fr. 50 c. par semestre, payable le 1er mai et le 1er novembre, avec participation à deux tirages de lots montant à 300,000 francs par an, conformément au tableau d'autre part. — Paris, 15 mai 1861.

Le chef de service
des titres,

Un administrateur,

Le Gouverneur :

Par délégation : Le Secrétaire général,

Enregistré le 25 mai 1861, Nº 10,
reçu onze centimes, dixième compris.

Le Contrôleur central,

La *Société du Crédit foncier de France* est autorisée à prêter aux départements, aux communes et aux associations syndicales, les sommes qu'ils auraient obtenu la faculté d'emprunter.

(Loi du 6 juillet 1860, art. 1er.)

....................................

En représentation des prêts et jusqu'à concurrence de leur montant, le *Crédit foncier* est autorisé à créer et à négocier des Obligations, en se conformant aux règles établies au titre V de ses Statuts.

Ces Obligations jouiront de tous les droits et priviléges attachés aux Obligations foncières ou lettres de gage, par les lois et décrets concernant le *Crédit foncier*. (Id., art. 5.)

(Voir d'autre part.)

....................................

Les créances provenant des prêts aux départements, aux communes et aux associations syndicales, sont affectées, par privilége, au payement des Obligations créées en *représentation de ces prêts*.

(Loi du 6 juillet 1860, art. 6.)

| | | | |
|---|---|---|---|
| CRÉDIT FONCIER DE FRANCE.<br>**Obligation communale N°**<br>Coupon de 7 fr. 50 c.<br>52. 1er novembre 1888. | 39. | 26. | 13. |
| 51. | 38. | 25. | 12. |
| 50. | 37. | 24. | 11. |
| 49. | 36. | 23. | 10. |
| 48. | 35. | 22. | 9. |
| 47. | 34. | 21. | 8. |
| 46. | 33. | 20. | 7. |
| 45. | 32. | 19. | 6. |
| 44. | 31. | 18. | 5. |
| 43. | 30. | 17. | 4. |
| 42. | 29. | 16. | 3. |
| 41. | 28. | 15. | 2. |
| 40. | 27. | 14. | CRÉDIT FONCIER DE FRANCE.<br>**Obligation communale N°**<br>Coupon de 7 fr. 50 c.<br>1. 1er novembre 1862. |

Nº d'ordre.

=

CRÉDIT FONCIER

DE FRANCE.

—

5e D'OBLIGATION

communale 3 p. 0/0

DE

*Cinq cents fr.*

—

CINQUIÈME COUPURE.

—

Nº

PARIS, le          186

*Le chef du service
des titres,*

Vu : *Le contrôleur,*

NOTA. — Pour le tableau et les coupons d'intérêt, voir ci-contre pages 171 et 175. Seulement, il faut remarquer que pour cette coupure de 100 francs, les coupons sont de 5 francs, payables annuellement le 1er mai.

# CRÉDIT FONCIER DE FRANCE.

## Emprunt de 75 millions en 150,000 Obligations avec lots.

### PREMIÈRE SÉRIE.

## 5ME D'OBLIGATION COMMUNALE A 3 P. 0/0

de

*Cinq cents francs.*

### CENT FRANCS AU PORTEUR.

CINQUIÈME COUPURE.   Nº ▬▬▬▬▬▬   INTÉRÊTS : 3 FRANCS.

Titre remboursable au pair, par voie de tirage au sort, au plus tard en cinquante années à partir du 1er novembre 1860, donnant droit à un intérêt annuel de 3 francs, payable le 1er mai et participant à deux tirages de lots montant à 300,000 francs par an, conformément au tableau d'autre part, dans la proportion du cinquième du lot attribué à l'obligation communale de 500 francs. — Paris, 15 juin 1861.

*Le chef de service
des titres,*                    *Un administrateur,*


**Le Gouverneur :**

Par délégation : LE SECRÉTAIRE GÉNÉRAL,

Enregistré le 25 mai 1861, Nº 10,
reçu onze centimes, dixième compris.

LE CONTRÔLEUR CENTRAL.

---

La *Société du Crédit foncier de France* est autorisée à prêter aux départements, aux communes et aux associations syndicales, les sommes qu'ils auraient obtenu la faculté d'emprunter.

(Loi du 6 juillet 1860, art. 1er.)

................................................

En représentation des prêts et jusqu'à concurrence de leur montant, le *Crédit foncier* est autorisé à créer et à négocier des Obligations, en se conformant aux règles établies au titre V de ses Statuts.

Ces Obligations jouiront de tous les droits et priviléges attachés aux Obligations foncières ou lettres de gage, par les lois et décrets concernant le *Crédit foncier*. (Id., art. 5.)

(Voir d'autre part.)

................................................

Les créances provenant des prêts aux départements, aux communes et aux associations syndicales, sont affectées, par privilége, au payement des Obligations créées *en représentation de ces prêts*.

(Loi du 6 juillet 1860, art. 6.)

# TABLEAU A

Indiquant le montant des annuités calculées d'après la durée du prêt et l'intérêt des Obligations (1).

| OBLIGATIONS 4 0/0 AVEC LOTS | | | | OBLIGATIONS 5 0/0 | | | |
| --- | --- | --- | --- | --- | --- | --- | --- |
| INTÉRÊT 4 51 0/0. | | | | INTÉRÊT 5 0/0. | | | |
| DURÉE du PRÊT. | ANNUITÉS A PAYER pour 100 fr. | DURÉE du PRÊT. | ANNUITÉS A PAYER pour 100 fr. | DURÉE du PRÊT. | ANNUITÉS A PAYER pour 100 fr. | DURÉE du PRÊT. | ANNUITÉS A PAYER pour 100 fr. |
| Années. | | Années. | | Années. | | Années. | |
| 50 | 5f 65,0000 | 41 | 5f 97,3174 | 50 | 6f 06,0000 | 41 | 6f 36,0510 |
| 49 | 5.68,1338 | 40 | 6.02,0488 | 49 | 6.08,8070 | 40 | 6.40,5210 |
| 48 | 5.71,0866 | 35 | 6.30,8380 | 48 | 6.11,5324 | 35 | 6.67,9424 |
| 47 | 5.74,2112 | 30 | 6.71,4240 | 47 | 6.14,4252 | 30 | 7.07,0680 |
| 46 | 5.77,5194 | 25 | 7.31,0546 | 46 | 6.17,4974 | 25 | 7.65,1612 |
| 45 | 5.81,0242 | 20 | 8.24,2040 | 45 | 6.20,7618 | 20 | 8.56,7248 |
| 44 | 5.84,7402 | 15 | 9.84,6122 | 44 | 6.24,2332 | 15 | 10.15,5528 |
| 43 | 5.88,6826 | 10 | 13.13,4384 | 43 | 6.27,9266 | 10 | 13.42,9426 |
| 42 | 5.92,8688 | | | 42 | 6.31,8596 | | |

# TABLEAU B

Indiquant le prix de revient d'un emprunt (amortissement compris) pour 46 et 50 ans, suivant le taux auquel les Obligations sont placées (2).

| OBLIGATIONS 4 0/0 AVEC LOTS. | | |
| --- | --- | --- |
| Amortissement pour 100 fr......... | Durée de 46 ans : 0 fr. 66.5194 | Durée de 50 ans : 0 fr. 54.3414 |

| TAUX DU PLACEMENT des OBLIGATIONS. | | DÉBOURSÉ TOTAL ou prix de revient de l'emprunt, amortissement compris, pour 100 francs. | | TAUX DU PLACEMENT des OBLIGATIONS. | | DÉBOURSÉ TOTAL ou prix de revient de l'emprunt, amortissement compris, pour 100 francs. | |
| --- | --- | --- | --- | --- | --- | --- | --- |
| | | pour 46 ans | pour 50 ans | | | pour 46 ans | pour 50 ans |
| 495f » | 99f » | 5f 83,35 | 5f 70,71 | 465f » | 93f » | 6f 20,99 | 6f 07,52 |
| 490 » | 98 » | 5.89,31 | 5.76,53 | 460 » | 92 » | 6.27,74 | 6.14,14 |
| 485 » | 97 » | 5.95,38 | 5.82,47 | 455 » | 91 » | 6.34,64 | 6.20,88 |
| 480 » | 96 » | 6.01,58 | 5.88,54 | 450 » | 90 » | 6.41,69 | 6.27,78 |
| 475 » | 95 » | 6.07,92 | 5.94,73 | 445 » | 89 » | 6.48,90 | 6.34,84 |
| 470 » | 94 » | 6.14,38 | 6.01,06 | 440 » | 88 » | 6.56,27 | 6.42,04 |

(1) L'annuité comprend l'intérêt, l'amortissement et l'allocation annuelle de 60 centimes pour frais d'administration. (*Statuts, art.* 59.) L'intérêt et l'amortissement correspondent exactement aux sommes que le Crédit foncier doit payer aux porteurs d'Obligations.

(2) Pour connaître le nombre cherché, on divise l'annuité multipliée par 100 par le taux auquel les Obligations sont placées.

## PRÊTS AUX DÉPARTEMENTS ET AUX COMMUNES.

# TABLEAU C

**Indiquant la composition des annuités et leur montant calculé d'après la durée des prêts.**

INTÉRÊT : **5** POUR 0/0. — COMMISSION : **45** CENTIMES.

| DURÉE DES PRÊTS. | COMPOSITION DES ANNUITÉS. | | | TOTAL | |
|---|---|---|---|---|---|
| | INTÉRÊT. | AMORTISSEMENT. | COMMISSION. | PAR ANNÉE. | PAR SEMESTRE. |
| | fr. | fr. | fr. | fr. | fr. |
| 50 ans. | 5. » | 0.46,2376 | 0.45 | 5.91,2376 | 2.95,6188 |
| 49 | 5. » | 0.48,8068 | 0.45 | 5.93,8068 | 2.96,9034 |
| 48 | 5. » | 0.51,5324 | 0.45 | 5.96,5324 | 2.98,2662 |
| 47 | 5. » | 0.54,4252 | 0.45 | 5.99,4252 | 2.99,7126 |
| 46 | 5. » | 0.57,4972 | 0.45 | 6.02,4972 | 3.01,2486 |
| 45 | 5. » | 0.60,7618 | 0.45 | 6.05,7618 | 3.02,8809 |
| 44 | 5. » | 0.64,2330 | 0.45 | 6.09,2330 | 3.04,6165 |
| 43 | 5. » | 0.67,9266 | 0.45 | 6.12,9266 | 3.06,4633 |
| 42 | 5. » | 0.71,8596 | 0.45 | 6.16,8596 | 3.08,4298 |
| 41 | 5. » | 0.76,0508 | 0.45 | 6.21,0508 | 3.10,5254 |
| 40 | 5. » | 0.80,5210 | 0.45 | 6.25,5210 | 3.12,7605 |
| 39 | 5. » | 0.85,2928 | 0.45 | 6.30,2928 | 3.15,1464 |
| 38 | 5. » | 0.90,3912 | 0.45 | 6.35,3912 | 3.17,6956 |
| 37 | 5. » | 0.95,8444 | 0.45 | 6.40,8444 | 3.20,4222 |
| 36 | 5. » | 1.01,6834 | 0.45 | 6.46,6834 | 3.23,3417 |
| 35 | 5. » | 1.07,9424 | 0.45 | 6.52,9424 | 3.26,4712 |
| 34 | 5. » | 1.14,6600 | 0.45 | 6.59,6600 | 3.29,8300 |
| 33 | 5. » | 1.21,8796 | 0.45 | 6.66,8796 | 3.33,4398 |
| 32 | 5. » | 1.29,6498 | 0.45 | 6.74,6498 | 3.37,3249 |
| 31 | 5. » | 1.38,0252 | 0.45 | 6.83,0252 | 3.41,5126 |
| 30 | 5. » | 1 47,0680 | 0.45 | 6.92,0680 | 3.46,0340 |
| 29 | 5. » | 1.56,8488 | 0.45 | 7.01,8488 | 3.50,9244 |
| 28 | 5. » | 1.67,4486 | 0.45 | 7.12,4486 | 3.56,2243 |
| 27 | 5. » | 1.78,9598 | 0.45 | 7.23,9598 | 3.61,9799 |
| 26 | 5. » | 1.91,4892 | 0.45 | 7.26,4892 | 3.68,2446 |
| 25 | 5. » | 2.05,1612 | 0.45 | 7.50,1612 | 3.75,0806 |
| 24 | 5. » | 2.20,1200 | 0.45 | 7.65,1200 | 3.82,5600 |
| 23 | 5. » | 2.36,5352 | 0.45 | 7.81,5352 | 3.90,7676 |
| 22 | 5. » | 2.54,6074 | 0.45 | 7.99,6074 | 3.99,8037 |
| 21 | 5. » | 2.74,5752 | 0.45 | 8.19,5752 | 4.09,7876 |
| 20 | 5. » | 2.96,7248 | 0.45 | 8.41,7248 | 4.20,8624 |
| 19 | 5. » | 3.21,4024 | 0.45 | 8.66,4024 | 4.33,2012 |
| 18 | 5. » | 3.49,0316 | 0.45 | 8.94,0316 | 4.47,0158 |
| 17 | 5. » | 3.80,1350 | 0.45 | 9.25,1350 | 4.62,5675 |
| 16 | 5. » | 4.15,3662 | 0.45 | 9.60,3662 | 4.80,1831 |
| 15 | 5. » | 4.55,5528 | 0.45 | 10.00,5528 | 5.00,2764 |
| 14 | 5. » | 5.01,7586 | 0.45 | 10.46,7586 | 5.23,3793 |
| 13 | 5. » | 5.55,3750 | 0.45 | 11.00,3750 | 5.50,1875 |
| 12 | 5. » | 6.18,2564 | 0.45 | 11.63,2564 | 5.81,6282 |
| 11 | 5. » | 6.92,9320 | 0.45 | 12.37,9320 | 6.13,9660 |
| 10 | 5. » | 7.82,9426 | 0.45 | 13.27,9426 | 6.63,6713 |
| 9 | 5. » | 8.93,4016 | 0.45 | 14.38,4016 | 7.19,2008 |
| 8 | 5. » | 10.31,9788 | 0.45 | 15.76,9788 | 7.88,4899 |
| 7 | 5. » | 12.10,7306 | 0.45 | 17.55,7306 | 8.77,8653 |
| 6 | 5. » | 14.49,7426 | 0.45 | 19.94,7426 | 9.97,3713 |
| 5 | 5. » | 17.85,1754 | 0.45 | 23.30,1754 | 11.65,0877 |

## PRÊTS AUX DÉPARTEMENTS ET AUX COMMUNES.

# TABLEAU D

Indiquant le montant de l'annuité à payer pour un emprunt de 100 francs, suivant la durée du prêt, et la composition de cette annuité.

INTÉRÊT, COMMISSION COMPRISE : **5** POUR 0/0.

| DURÉE DES PRÊTS. | COMPOSITION DE L'ANNUITÉ POUR 100 FRANCS. | | TOTAL POUR 100 FRANCS. | |
|---|---|---|---|---|
| | INTÉRÊT, commission comprise. | AMORTISSEMENT. | PAR ANNÉE. | PAR SEMESTRE. |
| | fr. | fr. | fr. | fr. |
| 50 ans. | 5. » | 0. 46,2376 | 5. 46,2376 | 2. 73,7188 |
| 49 | 5. » | 0. 48,8068 | 5. 48,8068 | 2. 74,4034 |
| 48 | 5. » | 0. 51,5324 | 5. 51,5364 | 2. 75,7662 |
| 47 | 5. » | 0. 54,4252 | 5 54,4252 | 2. 77,2126 |
| 46 | 5. » | 0. 57,4972 | 5. 57,4972 | 2. 78,7486 |
| 45 | 5. » | 0. 60,7618 | 5. 60,7618 | 2. 80,3809 |
| 44 | 5. » | 0. 64,2330 | 5. 64,2330 | 2. 82,1165 |
| 43 | 5. » | 0. 67,9266 | 5. 67,9266 | 2. 83,9633 |
| 42 | 5. » | 0. 71,8596 | 5. 71,8596 | 2. 85,9298 |
| 41 | 5. » | 0. 76,0508 | 5. 76,0508 | 2. 88,0254 |
| 40 | 5. » | 0. 80,5210 | 5. 80,5210 | 2. 90,2605 |
| 39 | 5. » | 0. 85,2928 | 5. 85,2928 | 2. 72,6464 |
| 38 | 5. » | 0. 90,3912 | 5. 90,3912 | 2. 95,1956 |
| 37 | 5. » | 0. 95,8444 | 5. 95,8444 | 2. 97,9222 |
| 36 | 5. » | 1. 01,6834 | 6. 01,6384 | 3. 00,8417 |
| 35 | 5. » | 1. 07,9424 | 6. 07,9424 | 3. 03,9712 |
| 34 | 5. » | 1. 14,6600 | 6. 14,6600 | 3. 07,3300 |
| 33 | 5. » | 1. 21,8796 | 6. 21,8796 | 3. 10,9398 |
| 32 | 5. » | 1. 29,6498 | 6. 29,6498 | 3. 14,8249 |
| 31 | 5. » | 1. 38,0252 | 6. 38,0252 | 3. 19,0126 |
| 30 | 5. » | 1. 47,0680 | 6. 47,0680 | 3. 23,5340 |
| 29 | 5. » | 1. 56,8488 | 6. 56,8488 | 3. 28,4244 |
| 28 | 5. » | 1. 67,4486 | 6. 67,4486 | 3. 33,7243 |
| 27 | 5. » | 1. 78,9598 | 6. 78,9598 | 3. 39,4799 |
| 26 | 5. » | 1. 91,4892 | 6. 91,4892 | 3. 45,7446 |
| 25 | 5. » | 2. 05,1612 | 7. 05,1612 | 3. 52,5806 |
| 24 | 5. » | 2. 20,1200 | 7. 20,1200 | 3. 60,0600 |
| 23 | 5. » | 2. 36,5352 | 7. 36,5352 | 3. 68,2676 |
| 22 | 5. » | 2. 54,6074 | 7. 54,6074 | 3. 77,3037 |
| 21 | 5. » | 2. 74,5752 | 7. 74,5752 | 3. 87,2876 |
| 20 | 5. » | 2. 96,7248 | 7. 96,7248 | 3. 98,3624 |
| 19 | 5. » | 3. 21,4024 | 8. 21,4024 | 4. 10,7012 |
| 18 | 5. » | 3. 49,0316 | 8. 49,0316 | 4. 24,5158 |
| 17 | 5. » | 3. 80,1350 | 8. 80,1350 | 4. 40,0675 |
| 16 | 5. » | 4. 15,3662 | 9. 15,3662 | 4. 57,6831 |
| 15 | 5. » | 4. 55,5528 | 9. 55,5528 | 4. 77,7764 |
| 14 | 5. » | 5. 01,7586 | 10. 01,7586 | 5. 00,8793 |
| 13 | 5. » | 5. 55,3750 | 10. 55,3750 | 5. 27,6875 |
| 12 | 5. » | 6. 18,2564 | 11. 18,2564 | 5. 59,1282 |
| 11 | 5. » | 6. 92,9320 | 11. 82,9320 | 5. 96,4660 |
| 10 | 5. » | 7. 82,9426 | 12. 82,8426 | 6. 41,4713 |

# ERRATA.

Page 63. Elle participe à des tirages *trimestriels* au lieu d'industriels.

Page 76, 5e ligne. 15,000 au lieu de 16,000.

Page 96, n° 103. Supprimer les mots : ***Disons en passant***, jusqu'à la fin de l'alinéa.

Page 97, 1re ligne. Un droit fixe de 5 fr., au lieu de 5 0/0.

# TABLE

## ALPHABÉTIQUE ET ANALYTIQUE DES MATIÈRES.

(Le chiffre gras indique le numéro du paragraphe. Le chiffre précédé d'un p indique la page.


**Absents.** Les immeubles d'un absent ne peuvent être hypothéqués qu'en vertu d'un jugement. **98.**

**Acquisition.** Pièces qui l'établissent et la justifient. **107.**

**Acte conditionnel, 82.** Formule, p. 152.

**Acte définitif, 83, 84.**

**Acte de notoriété.** Mariage, **94.** Succession, **100.** Prescription, **113.**

**Action résolutoire.** L'emprunteur doit justifier qu'elle ne peut avoir lieu sur l'immeuble offert en gage, **107.**

**Algérie, 28.** V. décret du 11 janvier 1860, p. 146.

**Amortissement** d'un emprunt. Tableau B, p. 177.

**Annuités, 69.** Leur montant calculé en proportion du revenu, **69.** Calcul, p. 177 et 178. V. *Revenu.*

**Associations syndicales.** Prêts avec ou sans hypothèque, **31.** Loi du 6 juillet 1860, p. 148. Modèle de délibération, p. 168.

**Assurance.** Les propriétés susceptibles de périr par le feu doivent être assurées, **77.** Transport de l'indemnité, **78, 79, 125.** Formule de transport, p. 162.

**Bail.** Etat des baux à fournir par l'emprunteur, **121.**

**Bail emphytéotique.** Un emprunt peut être contracté par un preneur à bail emphytéotique. **122.**

**Biens** (Nature des). Biens dans le commerce; — affectés à un service public; — à un majorat; — grevés de *substitution;* — dotaux, **60.**

**Bois.** Comme gage, ils n'ont droit au prêt que pour un tiers de leur valeur, **65.**

**Bons** *de caisse, de virement,* **68;** — **Bons** nominatifs ou au porteur, créés en vue des opérations du Crédit agricole, **140.**

**Cadastre.** Copie certifiée de la matrice cadastrale nécessaire, pour l'établissement de la propriété, **119, 120.**

**Capacité** de l'emprunteur, **91.**

**Carrières.** Ne peuvent être engagées hypothécairement pour un emprunt du

Crédit foncier, mais peuvent être l'objet d'une opération du Crédit agricole, **135.**

**Cession de droits successifs.** Constitue un droit de propriété, et dans certains cas, à l'effet d'un partage, **99, 102.**

**Charges.** Personnelles, réelles, sont une dépréciation de l'immeuble, doivent être déclarées, **85, 112, 124.**

**Chèques,** reçus payables au porteur, **68.**

**Communes** (prêts aux), **31.** L. du 6 juillet 1860, p. 148; modèle de délibération, p. 168.

**Comptoir d'Escompte.** La Société du Crédit foncier substituée au Comptoir d'Escompte pour les opérations du Sous-Comptoir des Entrepreneurs, **30.** L. du 19 mai 1860, p. 148.

**Comptoir** (Sous-) **des Entrepreneurs.** V. ci-dessus.

**Comptoirs** (Sous-) **d'agriculture.** Intermédiaires spéciaux de la Société du Crédit agricole, **131.**

**Considérations générales,** historique des institutions de Crédit foncier, etc., p. 17.

**Contrat de mariage.** L'emprunteur doit le représenter; il constitue une des conditions de son état civil. **93, 94.**

**Contrat conditionnel, 82.** Formule, p. 152.

**Contrat définitif, 83, 84.**

**Crédit agricole, 32, 126.** Statuts, p. 109. Attributions, p. 121. L. du 28 juillet 1860; décr. du 16 février 1861, p. 149, 150. Formule, p. 167.

**Délibération** de Conseil général ou de Conseil municipal pour un emprunt de département ou de commune. Modèle, p. 168.

**Demande de prêt, 89.** Modèle, p. 151, Au Crédit agricole, formule, p. 167.

**Départements** (Prêts aux), **26, 31.** Loi du 6 juillet 1860, p. 148. Modèle, p. 168.

**Domaine public** (Biens dans le). Ne peuvent être hypothéqués, **60.**

**Domicile** de la Société. Est à Paris pour tous les cas d'instance judiciaire, **53.**

**Donation entre vifs.** Partage anticipé, survenance d'enfant, révocation, intervention du donateur, **104.**

**Dot.** V. Contrat de mariage.

**Dotation,** majorat, obstacle à l'hypothèque, **60.**

**Drainage,** amélioration pour l'agriculture, **27.** Obligations, **49.**

**Échange, 108.**

**Emprunteur.** V. Capacité.

**Enregistrement.** Intervention d'un créancier, **57.**

**Escompte.** Crédit agricole. **137.**

**Fabriques.** Ne peuvent être hypothéquées pour emprunt au Crédit foncier, **60.** V. Crédit agricole, **135.**

**Femme mariée.** Capacité, autorisation, **91.**

**Formules.** V. p. 151 et suiv.

**Héritier.** Qualité d'héritier, **100**. Héritier apparent, **118**.

**Hospices.** V. Associations syndicales.

**Hypothèque, 55.** — Légale, **76, 83, 113**. Situation hypothécaire, **114** et suiv.

**Immeubles.** Modifications diverses quant à l'hypothèque, **97**.

**Impôt.** Les obligations créées par le Crédit foncier sont exemptes de l'impôt sur les valeurs mobilières établies par la loi du 23 juin 1857, **51**. Modèle, p. 171.

**Incapacité** — absolue, relative, **91**.

**Indivis.** L'immeuble indivis veut, pour être hypothéqué, le concours de tous les propriétaires, **61**.

**Inscriptions hypothécaires.** Sont dispensées du renouvellement décennal pour les prêts faits par le Crédit foncier, p. 141. V. Hypothèque.

**Inventaire.** Production pour établir la propriété; — succession; — héritier, **100**.

**Lettres de gage, 13.** V. Obligations.

**Licitation, 103.**

**Lois et décrets,** p. 133 à 150.

**Mainlevées.** Capacité des créanciers qui les donnent, **84**.

**Majorats.** Biens qui les constituent ne peuvent être hypothéqués, **60**.

**Mines.** V. Crédit agricole, **135**.

**Mineurs.** Ne peuvent pas hypothéquer, **91**. V. Capacité. Hypothèque légale, **113**.

**Nantissement.** Ce qui le constitue; Crédit agricole, **138**.

**Négociation.** Crédit agricole, **137**.

**Nue propriété, usufruit.** Concours pour l'emprunt, **62**.

**Obligations** foncières ou lettres de gage, **13, 40 41, 42, 47, 48;** communales, **50**.

**Partage** — notarié, sous seing privé, judiciaire, **101 ;** — anticipé, **104**.

**Ouverture de crédit.** Crédit agricole, **138, 147**. Formule, p. 167.

**Plantations.** V. Bois. Crédit agricole, **135**.

**Possession.** Doit être constante, sans trouble, non à titre précaire, suppléé aux titres de propriété. V. Prescription.

**Prescription.** S'établit par la production de pièces justifiant qu'on a possédé pendant trente ans, à titre de propriétaire, l'immeuble offert en hypothèque. Ne court pas à l'égard de l'hypothèque légale de la femme, ni du mineur. **113**.

**Priviléges** dispensés de l'inscription, **115 ;** soumis à l'inscription, **116**.

**Propriété.** Ce qu'il faut pour qu'elle soit régulière, **82**. Droit de propriété, **99**. Etablissement de propriété, doit remonter à trente ans, **110**.

**Purge.** Droit qu'on a de requérir la purge, **58, 59**. Faculté de s'en dispenser, loi du 10 juin 1853, p. 142.

**Régime dotal**. Sous ce régime, l'immeuble ne peut être engagé que pour certains cas, **97**.

**Remploi**. En cas d'emprunt en partie destiné à payer un créancier inscrit, p. 162; — à payer en partie un prix de vente, p. 163. V. Subrogation.

**Résolution, rescision**. Cas de résolution, cas de rescision, **76**.

**Revenu**. Manière de l'apprécier, **30**; valeur vénale, **81**; — durable et certain, **63, 121**; déclaration signée par l'emprunteur, **123**. V. Annuités.

**Servitudes**. Sont des charges de la propriété, doivent être déclarées. Sont de plusieurs natures : apparentes, occultes, continues et discontinues; — de plusieurs espèces : domaniales, militaires, forestières, **111**.

**Société**. Civile, elle peut emprunter par l'intermédiaire de son gérant ou directeur ayant un pouvoir spécial. — Commerciale, quoique le gérant puisse, en général, aliéner les choses de la Société, il ne peut néanmoins, sans pouvoir spécial, hypothéquer les immeubles, **96**.

**Sommaire analytique**, division de l'ouvrage, **3**.

**Subrogation**. Par la subrogation, la Société est mise au lieu et place du créancier payé par tout ou partie du montant de l'emprunt, **56**. La subrogation a lieu également pour le privilége du vendeur. V. Remploi.

**Substitution** (Biens grevés de). Ne peuvent être hypothéqués, **60**.

**Succession**. Comment on justifie de son droit à une succession, **100**.

**Testament**. Expédition à produire par l'emprunteur s'il s'agit de legs universel. — Ordonnance d'envoi en possession si le testament est olographe. — Acte de délivrance de legs, **106**.

**Théâtres**. Ne peuvent être le gage d'un emprunt, **60**.

**Titres de propriété**. Régularité nécessaire pour l'établissement du droit de propriété, **99, 110**.

**Transcription**. A fait de la publicité la base de l'établissement de la propriété, **23, 25**; — Nécessité de la transcription pour les prescriptions de dix ou de vingt ans, **113**; — pour les donations et partages, **104**.

**Transport**. V. Cession; — de droits matrimoniaux, formule, p. 157; — d'indemnité d'assurance, formule, p. 164.

**Usines**. Il faut distinguer la valeur immobilière de la valeur industrielle; le Crédit foncier prête sur la première, **66**, sans égard pour la seconde qui, si elle a rapport à l'agriculture, peut faire l'objet d'un emprunt à la Société du Crédit agricole, **135**.

**Usufruit**. V. Nue propriété.

**Vente**. V. Acquisition, Subrogation.

**Vignes**. Le Crédit foncier ne prête que le tiers de la valeur, **95**; — leur exploitation peut donner lieu à des opérations du Crédit agricole, **135**.

**Warrants**. Leur négociation par le Crédit agricole, **137**.


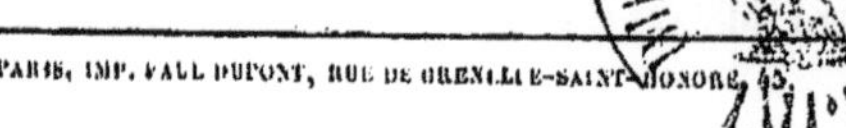

**Manuel du Surnuméraire** de l'Enregistrement et des Domaines, par M. FLOUR DE SAINT-GENIS, directeur des Domaines, chevalier de la Légion d'honneur. 1 fort volume in-8°, 6e édition. Prix : 7 francs, à Paris, chez Jouaust, imprimeur, rue Saint-Honoré, 338. Franco par la poste (mandat sur la poste, lettre affranchie).

———

**Répertoire général de l'Enregistrement,** par M. GARNIER, ancien employé supérieur de l'enregistrement, 4e édition, mise au courant de la jurisprudence jusqu'au 1er janvier 1857. 3 forts volumes in-4° à 2 colonnes. Prix : 37 francs en prenant l'ouvrage à Paris, rue de Richelieu, 25, chez M. Delamotte, ancien libraire; par la poste, franco, 42 francs ; moyennant ce prix, on recevra gratuitement, pour l'année 1862, le RÉPERTOIRE PÉRIODIQUE de l'Enregistrement, paraissant une fois par mois, en un cahier de 48 pages. Prix : 7 francs.

———

**Traité élémentaire** d'enregistrement et de timbre, augmenté de notions sur la législation, les pouvoirs publics, les services financiers, les attributions de l'administration de l'enregistrement et des domaines, et d'un commentaire de quelques titres du Code Napoléon, par Charles GÉRAUD, commis rédacteur à l'administration centrale, avec une préface de M. VEYRIÈRE, chef à l'administration de l'enregistrement et des domaines. 1 volume in-8° de 600 pages. Prix : 7 fr. 50 c.; à Paris, chez M. Lange, 10, rue du Conservatoire.

———

**Manuel de l'Aspirant au surnumérariat** dans l'Administration de l'enregistrement et des domaines, par M. S. PALIERNE DE LA HAUDUSSAIS, vérificateur à Paris ; un volume in-8°, 3e édition. Prix : 5 francs ; Durand, libraire, rue des Grès, 7, à Paris.

———

**Les Titres au porteur** et **l'Impôt-assurance,** ouvrage couronné au concours TROYAUX en 1861, à Paris, sous la présidence de M. Odilon-Barrot, par Romain PERRIOUD, vérificateur des domaines; un volume in-8° de 200 pages. Prix : 2 fr. 50 c. franco. S'adresser à l'auteur, à Cambrai (Nord).

———

**Revue d'économie rurale,** journal des Cultivateurs, paraissant tous les jeudis, sous la direction de M. A. DE LAVALETTE. Prix : 10 francs, un an ; 6 francs, six mois ; 3 francs, trois mois. S'adresser rue Joubert, 37.

———

**Les Contribuables et l'Enregistrement,** Guide pratique de l'enregistrement et de la transmission de la propriété, par M. BOURGADE, receveur de l'enregistrement et des domaines. Un volume in-8°. Prix : 4 francs. Paul Dupont, éditeur, 45, rue de Grenelle-Saint-Honoré, à Paris.

———

Paris, Impr. Paul Dupont, rue de Grenelle-St-Honoré, 45. (55)

www.ingramcontent.com/pod-product-compliance
Ingram Content Group UK Ltd.
Pitfield, Milton Keynes, MK11 3LW, UK
UKHW020247180726
13839UKWH00001B/228